成都·成华历史人文丛书　街道卷

周明生　著

四川文艺出版社

图书在版编目（CIP）数据

建设路 / 周明生著. — 成都：四川文艺出版社，2019.12（2022.1重印）

（成都·成华历史人文丛书）

ISBN 978-7-5411-5498-0

Ⅰ.①建… Ⅱ.①周… Ⅲ.①城市道路—成都—通俗读物 Ⅳ.①K927.11-49

中国版本图书馆CIP数据核字（2019）第216474号

JIANSHELU

建设路

周明生 著

出品人　张庆宁
责任编辑　陈雪媛
封面设计　叶　茂
内文设计　叶　茂
责任校对　王　冉

出版发行　四川文艺出版社（成都市槐树街 2 号）
网　　址　www.scwys.com
电　　话　028-86259287（发行部）　028-86259303（编辑部）
传　　真　028-86259306

邮购地址　成都市槐树街 2 号四川文艺出版社邮购部　610031
排　　版　四川最近文化传播有限公司
印　　刷　永清县晔盛亚胶印有限公司
成品尺寸　157mm × 235mm　开　本　16 开
印　　张　13　字　数　210 千
版　　次　2019 年 12 月第一版　印　次　2022 年 1 月第二次印刷
书　　号　ISBN 978-7-5411-5498-0
定　　价　39.00 元

《成都·成华历史人文丛书》编写机构人员名单

专家和顾问委员会

（按姓氏拼音为序）

专　　家：陈世松　傅　恒　林文询　谭继和　肖　平

顾　　问：阿　来　艾　莲　陈廷湘　冯　婵　梁　平　袁庭栋

总编辑部

主　　编：张义奇

执行主编：蒋松谷

副 主 编：刘小葵

美术指导：陈　荣

《成都·成华历史人文丛书》编写机构人员名单

指导委员会

总 策 划： 刘光强　蒲发友

主　　任： 蔡达林　周海燕

副 主 任： 郭仕文　杨　楠　周孝明　万　东　张庆宁

委　　员： 刘　曦　黄　海　刘杰伟

《建设路》卷编委会

主　　任： 阮　强

副 主 任： 胡　甦

委　　员： 钟映雪　贾　艳　李书琴　杨剑鸿　彭志强　魏　立　谌立英

总序

成华区作为成都历史上独立的行政区划，是从 1990 年开始的，它是一个非常年轻的区。但是成华这块土地，作为古老成都的一个重要组成区域，则有着悠远的历史与深厚的文化根基。

“成华”区名，是成都县与华阳县两个历史地理概念的合称，而成都与华阳很早就出现在古代典籍中。《山海经·大荒北经》中曾有“大荒之中，有山名曰成都载天”的记载，有学者据此认为，成都可能是远古时候的一个国名，或者是古族名。华阳之名也一样历史悠久，《尚书·禹贡》云：“华阳黑水惟梁州。”梁州是上古的九州之一，包括今天川渝及陕滇黔的个别地方，华阳即华山之阳，是指华山以南地方。东晋常璩所撰写的西南地方历史著作《华阳国志》便以地名为书名。唐代开始，地处“华山之阳”的成都平原上便有了华阳县，也从此形成了成都市区二县共拥一城的格局。唐人李吉甫在地理名著《元和郡县图志》一书中，对成都与华阳做了更进一步的记载：“成都县，本南夷蜀侯之所理也，秦惠王遣张仪、司马错定蜀，因筑城而郡县之。”“华阳县，本汉广都县地，贞观十七年分蜀县置。乾元元年改为华阳县，华阳本蜀国之号，因以为名。”由此可见，成都与华阳历史之悠久，仅从行政区域角度看，成都从最初置县至今已有两千三百多年，而华阳置县从唐乾元元年（758）至今也有一千二百多年了。

不仅成华之名源远流长，具有丰富的人文内涵，成华这片土地更是积淀着厚重的历史与文化。可以说成华既是一部沉甸甸的史书，也是一首动人心魄的长诗。这里有纵贯全境且流淌着历史血液与透露着浓烈人文气息的沙河，有一万年前古人类使用过的石器，有堆积数千年文明的羊子山，有初建成都城挖土形成的北池，有浸透了汉赋韵律的驷马桥，有塞北雄浑的穹顶式和陵，有闻名宇内的川西第一禅林，有道家留下的浪漫神话传说，有移民创造的客家文化，还有难忘的当代工业文明记忆，还有世界的宠儿大熊猫……

成华有叙述不尽的历史故事。

成华有百看不厌的人文风景。

成华的历史是悠久的巴蜀历史的一部分；成华土地上生长的文明是灿烂的巴蜀文明的重要组成部分。

为了把这耀眼的历史文化集中而清晰地展现给人们，同时也为后世保留一笔珍贵的精神财富，中共成华区委和成华区人民政府立足全区资源禀赋和现实基础，将组织编写并出版“成都·成华历史人文丛书”纳入“文化品牌塑造”工程的重要内容之一。由成华区委宣传部、成华区文联、成华区文旅体局、成华区地志办等单位牵头策划，并组织一批学者、作家共同完成这套丛书，包括综合卷与街道卷两大部分，共计二十册。其中综合卷六册，街道卷十四册。综合卷从宏观的视野述说沙河的过往，清理历史的遗迹，讲述客家的故事，描写熊猫的经历，抒写诗文的成华，回眸东郊工业文明的辉煌成就。街道卷则更多从细微处入手，集中挖掘与整理蕴藏在社区、在民间的历史文化片断。

历史潮流滚滚前行。成华作为日益国际化的成都主城区之一，随着城市化进程的深入推进，对生活在成华本土的“原住民”和外来“移民”，更加渴望了解脚下这片土地，构建了积极的文化归宿。此次大规模地全面梳理、挖掘本土历史，并以人文地理散文的形式出版，在成华建区史上尚属首次。这既顺应了群众呼声、历史潮流，又充分展现了成华人的文化自觉和文化自信。

“成都·成华历史人文丛书”是成华人对成华悠久历史、深厚文化的一次深邃的打量，更是成华人献给自身脚下这片土地的一份深情与厚爱！

书籍记录岁月，照亮历史，传播文化。书籍是人类精神文明的载体，中华数千年的历史文化传承，书籍功莫大焉。如今，中国人民正在追求民族复兴的伟大梦想，通过书籍去回顾历史、展望未来，乃是实现这一复兴之梦的重要路径。

身在“华阳国”中的成华人，也有自己的梦。传承悠久的巴蜀文明，弘扬优秀的天府文化，正是我们的圆梦方式之一。

这便是出版“成都·成华历史人文丛书”的宗旨和意义之所在。

张义奇　蒋松谷

成都市成华区建设路街道办事处示意图

目录

引言 /001

府河以东，沙河以西

府河东岸的高坝田 / 009

东郊巨变之前的寻常日子 / 013

采桑女与栽秧哥 / 016

沙河沿岸，无数灯笼为织女照明 / 020

踏水桥和刘门放生池 / 022

圣灯寺和燃灯道人 / 028

成电，新中国的电讯梦

成电主楼，见证历史的老建筑 / 033

成电首任院长吴立人 / 040

成都电讯工程学院选址内幕 / 048

帮助中国在电子领域奠基的苏联专家 / 052

写进校史剧《又见青春》的实验员 / 059
耄耋老翁的皇皇巨著 / 065
“中国太赫兹之父”刘盛纲 / 071
在岁月流金中逐梦银杏 / 079

沙河畔的强国梦

1953，秘密军工基地的选址内幕 / 085
建设路与苏联专家 / 090
中国电子束管之父吴祖垲 / 097
神秘神圣的建设路 / 107
红砖围墙里的“小社会” / 113
成都东郊对国家的特殊贡献 / 120
建设路上的“东调”波澜 / 124

建设路的草根状态

建设路两边的“十街坊” / 139
猛圣路起点有个草棚茶铺 / 143
贸易公司的国营商铺 / 146
服务大楼和华联商厦 / 149
沙河电影院 / 152
建设巷 / 156
服装夜市 / 159
方块路为何难以重建 / 161
红砖围墙外的农民兄弟 / 164

建设路口的机面店 / 168
油烫鸭店“好又来” / 172
校园文化一条街的石室中学初中学校 / 174
从圣灯寺到建设路小学 / 181
工业遗址与商业楼盘 / 186
建设路华丽转身 / 189

后记

引言

建设路的来历

一过府河上的二号桥（今新华桥），就进入了成华区，再傍着高耸入云的四川广播电视塔走一站路，就到了成华公园的大门口。由此向东打望，一条繁华的大街赫然入目，这就是建设路。

建设路是进入成都东郊工业区的必经之路。对于成都东郊工业区来说，建设路是缩影，是象征，是代名词。对于东郊工业区的工人阶级来说，建设路也是缩影，是象征，是代名词。成都东郊，是中国电

▲ 2011年的建设路一环路口　成华区政协供图

子工业的摇篮、四川工业的骄傲，还是成都最早最大的工业集中发展区，它造就过成都工业发展的辉煌，留下了数位党和国家领导人到此视察的足迹，是东郊数十万产业大军的骄傲和自豪。建设路，见证过成都东郊这个国防工业区的光荣与梦想，见证过工人们为了共和国的崛起而付出的艰辛努力，见证过他们的喜怒哀乐。

建设路的历史并不是很长，是从1953年成都东郊被规划为现代化的军事工业区开始，逐步演变成现在这个模样的。在1953年以前，这里只是一片阡陌纵横的广阔田野。

建设路，在成都大名鼎鼎，如雷贯耳。但和它的历史一样，它的距离也很短，只有两公里长。从府河东岸猛追湾街上成华公园的大门起步，横穿一环路东一段，再穿越架在沙河上的建设桥，来到和二环路相交的路口，就到点了。在和二环路相交的地方，早先是东山浅丘

▲ 1958年的沙河　吕名正摄

陵的缓坡上，曾有座建于明朝万历二十年（1592）的香火很旺的圣灯寺。成都东郊最初四个以信箱为代号的国防大厂，就布局在以圣灯寺为地标的周边。所以，这条连接成都东郊工厂区和宿舍区的道路最初并不叫建设路，而是叫猛圣路——猛追湾到圣灯寺。

成都东郊工业区的规划以沙河为界，是按河东为厂区、河西为宿舍区来布局的。最初建的715、784、719、788四个厂（后来，788厂因技术过时停建，从绵阳搬来的773厂使用了788厂厂址）的宿舍区都规划在沙河以西的田野上。后来，沙河以东的建设路1号、2号还分别成了亚光和国光两个国防工厂的厂址。1958年以后，这些工厂宿舍基本建成，号称"十街坊"（街坊即宿舍区，列入街坊的其实只有七个宿舍区）。这些工厂宿舍区一分为二，一南一北，分布在建设路的两边。这些宿舍都是苏联式的红砖红瓦三层楼。当时要改苏联的图纸很难，它的单元式套房按照原来的设计本是一家人住的，实际却住进了几家人，随之而来的，是生活起居上的拥挤和不便。有很长的一段时间，在建设路的两边，除了有几大片宿舍区外，街北有一家新华书店、一家电影院（沙河电影院），街南（现华联商厦处）有一幢成都市贸易公司下属的综合性服务大楼，还有一个几十年不挪窝的邮政局。

在邮政局西侧，是一楼一底的百货大楼，在20世纪80年代初期以前，它是东郊工业区唯一的百货大楼，其名气响彻东半城。这个百货大楼货源充足，商品丰富，当时年轻人喜欢的一些比较时髦的商品在这里都能买到。二楼主要卖服装、布匹，底楼卖日用百货、文具、糖果，尤其是排列整齐的一辆辆崭新的自行车，像凤凰、飞鸽等名牌，因为需要票证才能购买，看得人眼热心跳。休息时间逛逛建设路的百货大楼，是当时人们的心愿。

建设路的其余地段，不是田野就是荒草丛生的坟冢，或者是农家的林盘院落。猛圣路最初并没有设路灯，要是下夜班后独自走夜路，还是挺吓人的。有天晚上，有个工人下夜班后回市区的家，天很黑，他专门选择走猛圣路中间，心想一旦出事方便逃走，边走还边抽烟。走着走着，发现路边突然钻出一个黑影，眨眼间，黑影长到一两丈高。啊！鬼！吓得他毛骨悚然。原来，那也是个赶夜路的人，那时正在修路，路上这儿堆着碎石子，那儿堆着黄泥巴；那人烟瘾犯了，只说前来借个火，恍惚间却踏上了碎石堆，差点被当成鬼了。

府河以东整个东山的地面当时几乎都是黏土质的黄泥，遇水又黏又滑，干燥时则硬如钢铁，正如当地人所说的“天晴一把刀，下雨一包糟”。当时的猛圣路，宽只十几米，由于它是在最初修的老路旁另外加修的新路，导致整个路面一边高一边低，并且路面只铺了一层炭渣儿。天一下雨，路面就成了一包黏滑的烂泥，上班赶路的工人必须穿水靴；没有水靴的，就只好打赤脚，到了工厂门口先把糊满脚的黄泥冲洗干净，再进厂。人们真是苦不堪言，称这里叫烂泥湾。1962年的9月9日，一直横行霸道的美国U-2飞机（无人驾驶高空侦察机）首次被我军的地对空导弹击落，东郊的719、784、715、773、776、906、766、208等几家分属三机部和四机部的国防工厂功不可没。据传，成都市用国家发的国防奖金将猛圣路拓宽了一倍，将炭渣路面铺上混凝土，路两边安了路灯，栽了悬铃木，但彼时路面也只是双车道。到了1965年又扩宽了一些，并更名为建设路。从此，这里才有了一个叫得响，跟东郊工业区的地位匹配的街道名称。此时，在建设路两边宿舍区临街的墙角下，以及二环路以东几家军工大厂的围墙下，各栽了一排夹竹桃。这些夹竹桃长势蓬勃，一直蹿到宿舍楼二楼的窗口，年年都会开出一串串红红白白的鲜艳花朵。直到20世纪80年代，人们才知道夹竹桃的花有毒，于是，各个信箱厂在新建职工住宅楼时，就把它铲除了。

到了21世纪，随着城市向东发展战略的实施，2001年至2006年实施的“东调”（成都东郊工业区结构调整）、“退二进三”及“腾笼换鸟”，让成都东郊这个老工业基地发生了翻天覆地的变化。除了因故暂时未搬迁的784厂，成都东郊的工业集群化整为零，纷纷退出二环路的原有区域，搬进了周边区县的工业开发区。钢铁、化工业移至青白江，机械业移至新都，IT和制药业移至高新西区，电子业、汽车制造业移至龙泉。符合都市工业发展要求的“东调”企业则留在区内的龙潭都市工业园区继续发展。而工厂的宿舍区，除了784厂的四街坊（107信箱宿舍区东苑）、红光一区的部分住户拆迁之外，其余工厂的宿舍区基本上还是原封不动地留在了原地。沙河两岸的湖广人、客家人和席卷而来的城市化浪潮彻底融合，传统的农耕文明终于被现代文明取代。这里变成了市区的一部分，高楼大厦，街道纵横，车水马龙，一片片昔日工业文明的土地正在逐渐变身为一个个居住、商贸、金融和创业园区。

“成都建设路，时尚新东方”——为了实现这一宏伟目标，成华区付出了许多努力。已经老旧过时的建设路终于迎来了彻底改造的日子。成华区花了1.5亿元，把建设路打扮得时尚光鲜，焕然一新。临街的楼面进行了风格统一的外墙装饰；重新铺设下水道，实行雨污分流；路面铺盖沥青；所有管线全部入地，街上不见一根电线杆，路两边竖立华丽的路灯；宽阔的人行道铺上了美丽的花岗石，在两边人行道与大街的交界处，各布置了一条长长的花圃；所有商铺的店招变成了大小统一的横匾；大街两边原本遮天蔽日的悬铃木（人们习惯称之为法国梧桐）被疏了枝。

最难能可贵的是，成华区不忘在建设路上留下东郊工业文明的印记，在一环路与建设路的交叉口处，矗立起一道酱红色的牌坊，上面镌刻着毛泽东主席字体的“建设路　一九五八年”几个字。这道牌坊，是对建设路辉煌历史的怀念和致敬。当初牌坊建好后，大家都觉得没有题字肯定是不行的。谁最有资格为建设路题字？当然不会是一般的文人墨客，只有1958年3月视察过成都量具刃具厂的伟大领袖毛泽东最合适，可惜主席当时来去匆匆，并没有留下墨宝，并且现成的毛体集字也无法找到这三个字。“建设路”三个字是成华区文化馆馆长蒋松谷到网上搜集了毛体的九种写法，借助电脑，把所有的字拆分成若干笔画来重新组合的。他花了一周时间，拼出“建设路”三个字的三十二种方案，经千里奔波，寻找到一位名叫杨马丁的毛体研究专家，由他最后定夺，选定了其中最适合的一种用在牌坊门楣上。

2009年12月24日，是一年一度的平安夜，人们在这一天为建设路举行了盛大的开街仪式，建设路就此华丽转身，变成了成都市区的六大商圈之一。

府河以东，沙河以西

成都老城区与成都东山之间隔着一条府河，府河东岸河坎很高，从猛追湾渡口上岸，需要爬一个软脚坡，上得坡来，只见一大坝黄土高田，从北到南绵延无垠，当地人称之高田或者高坝田，此高坝田就是如今的成都东郊。在1953年东郊巨变之前，这一片田野上的湖广人后裔和他们的祖祖辈辈一样，过着日出而作、日落而息的自给自足的农耕生活，采桑、栽秧、放河灯……生活气息质朴而浓郁。此时的高坝田还不知道自己即将迎来华丽的转身。

府河东岸的高坝田

成都老城区与成都东山之间隔着一条府河。从前，府河上只有两座石拱桥，一座是老东门东大路通向重庆的东门大桥（旧称长春桥）；另一座是辛亥革命后1915年在武成门外新建的武成门桥（又名顺江桥、东安桥）。武成门河对面的天祥寺街（现称天祥街）是成都人的粪塘子所在地，这里建了许多叫作粪塘子的粪池子，专门储存粪便。农民定期定户到街上的一些人家去搜粪，那些从城里淘来的大粪，或用专用人力架架车装载，或用箩篼，或以肩挑粪桶搬运。农谚云：庄稼一枝花，全靠粪当家。在没有化肥的年代，粪塘子储存的这些粪便十分金贵。这里是粪便集散地，码头经常粪船云集，人称粪码头。粪船多半来自远方，依靠河水运输自然轻松；但不远不近的，比如府河猛追湾东岸（后来的建设路一带）的农家，就只能由人的肩膀来担粪挑子了，那份辛劳自不必说。

武成门上游三四里路就是东较场，东较场旁边就是大名鼎鼎的河湾——猛追湾。在这里，府河由北-东流向改为东-南流向，水面变阔，水势陡然湍急起来，留下了一道又长又弯的河湾。20世纪50年代中期以前，此地只有渡口没有桥，摆渡的自然是篾篷木船。船工必须身背纤绳，先将木船朝上游拉个上百米，然后顺水推舟，方可顺利到达彼岸。

府河东岸河坎很高，从猛追湾渡口上岸，需要爬一个软脚坡。

上得坡来，只见一大坝黄土高田，从北到南绵延无垠，当地人称之高田或者高坝田。迎面一左一右有两座小山，都高不过二十米，山上荆蓁草莽、墓冢累累。右边的一座是在东山驰名的邝家山，“文革”中曾经在山上发掘出一座明代墓葬。当今的成都东郊经历了沧海桑田般的巨变，昔日的邝家山早已变成了如今的新华公园。不过邝家山那个最大的山包还在，公园里有一座绿树成荫的小山从草坪上突兀而起，山顶上视野开阔，是茶客最为青睐的茶园，那就是邝家山。左边的一座无名小山，正对猛追湾的大湾，也是荆蓁草莽、墓冢累累，无名小山原本耸峙在今日的华联商厦和82信箱宿舍一区的后面，如今变成了一片高楼。

但这座无名小山包作为坟山更为传奇。1960年以后，圣灯人民公社新鸿大队在山上办起了一座砖瓦厂，就地取土烧起砖瓦窑来，到了20世纪70年代末，在取土快把小山包掘平的时候，人们发现了一座古墓。砌古墓的石块是坚硬的土红色雅石，每个石块经过初加工，一米见方。这个古墓长二十米、宽六米、高四米，显得十分恢宏。省、市考古队都被请来进行现场考古，原来此墓是东汉犍为郡守赵某之墓。要知道，东汉犍为郡管辖的地域很是广阔，它包含新津、彭山、眉山、青神，以及今乐山地区、泸州地区，还有黔北和滇东北的一部分。犍为郡的郡治设在彭山县江口镇平伏村，也在新津县治所在地的老渡口皂里津（今邓公场）设立过五十年。而江口镇和新津岷江畔的山麓都是东汉崖墓非常集中的区域。那时的人追求厚葬，崖墓葬正是当时的官吏和富人所追求的风尚。这位赵某不用时尚的崖墓而用雅石墓，令人费解。这种雅石在川西平原并不出产，而是来自雅安、洪雅一带的山区，因为其来之不易，川西坝子的人只用它刻碑勒石，并不舍得用来砌墓郭。这位郡守赵大人的陵墓偏偏舍近求远，而且费神费力，大老远运来那么多雅石，不知是出于何种考虑。更令人称奇的是，此墓中居然还藏了一座小墓，经考证，此小墓是一座明人墓。这分明就是鸠占鹊巢了。据推测，这极有可能是明代的某个富人迷恋这座东汉墓的风水，想借此荫庇后人，让其发达，而故意藏墓其中。

这一高坝田并非坦荡如砥，而是阡陌纵横，地势时起时伏。放眼田野，林盘院落星罗棋布，林盘的旁边是一片片的山地，其下是一块接一块的水田；院落背后尽是荒坟，显得凄凉。一望无际的高坝田便是这种景观的不间断的重复。

人们往往以为，过了府河就走进了成都东山。实际情形是，府河与东山之间有一个缓冲地带，就是从北到南铺展开来的这一高坝田。在这片田野上，客家人其实很少，他们主要生活在距离猛追湾渡口四五里的沙河东岸，那里才是名副其实的客家人的农耕乐园，那里是高度从几米、数十米至百余米不等的浅丘陵地区，人们习惯称之为成都东山。

在高坝田上生活的绝大多数是湖广移民的后裔。湖广是元代一个省的称呼，其地域包含今之湖南、湖北，以及广西的一部分。在清代前期长达一百二十多年被后世称为“湖广填四川”的移民大潮中，湖广移民是最早到达四川插占荒地的。在朝廷种种移民优惠政策的鼓舞下，在故土官员为增添政绩的积极诱导下，一批又一批湖广移民犹如滚滚东流的长江水前赴后继。他们收拾好行装，怀揣着梦想，从祖籍之地或移民集散地湖广省麻城县孝感乡出发，一路跋山涉水、披星戴月、风餐露宿，一步一步走向陌生的四川。在四川的许多地方，湖广移民后裔至少要占到五六成以上。

这一片田野的自然条件虽说比沙河以东的浅丘陵地带要优越得多，却无法跟成都另外三个方向的田野相比，北、西、南三方是美丽富饶的川西平原，是自流灌溉、水旱从人的天府粮仓。在府河以东、沙河以西，这一高坝田被两条河水相夹。府河、沙河的源头是经都江堰分流后的岷江水，河水清冽冰凉、滚滚滔滔，虽近在咫尺，这里的农人想自流灌溉，却是白日做梦。

于是，早在清代，这一片田野上就出现了一条人工开掘的河流，河不算宽，只有四五米，却是水流充沛。小孩淘气，大人就会恫吓说，要将他扔进“大河”，小孩也就规矩了。这条“大河”被唤作三道沟，是一条灌溉干渠，三道沟在流经今天的建设路一带的时候，为了灌溉地势更高的高田，从今天第二十一中学的地方起，至沙河电影院附近，筑了三道蓄水的堰，从上到下依次叫大堰、小堰、筒车堰。沙河电影院附近的这道堰叫筒车堰，是一架两三丈高的竹制筒车，在车轮状的支架上绑扎竹筒，水流冲转支架，竹筒循环舀水倾入小沟以灌田。三道沟从北门洞子口起水，流到马鞍山、倒石桥，又横穿新鸿村的这一高坝田，从沙河电影院门前流过，流向万年场、水碾河，灌溉两岸成千上万亩农田，最后在九眼桥的下游汇入滚滚东流的府河。

东郊巨变之前的寻常日子

在1953年东郊巨变之前，这一片田野上的湖广人后裔和他们的祖祖辈辈一样，过着日出而作、日落而息的自给自足的农耕生活。从猛追湾上岸，想要到沙河对岸名气很大的圣灯寺，是没有一条大路可走的，只能时而穿田埂，时而过菜地，时而从林盘院落的背后绕过，之后来到沙河边，再从踏水桥上跨桥而过。

这片田野的一部分，在20世纪50年代中期以后就变成了现代工业基地。这里的居民与工业为邻，他们与输送电力的电线近在咫尺，但即便到了20世纪60年代，他们也没能用上电。他们从古代到民国时期用的是清油灯，1949年以后有了煤油，就使用煤油灯。

这片田野上的院落有大有小，大院落有几十户人家，小院落也有十多户，单门独户的人家几乎没有。也许是受客家人居住习惯的影响，这里的湖广人都是同宗的大家族居住在同一个大院子里。人们就直接以某个姓氏称呼某个院落，以示区别，比如郑家院子、幸家院子、谢家院子等。

以郑家院子为例。郑家院子有两个，以所处的上下方位分为上郑家院子和下郑家院子，但是人们并不这样称呼，而是笼统地称之为郑家院子。处于下方的郑家院子虽说要小些，也有三十多户人家，地点大致在一环路东一段今太极商务宾馆的后面。受客家人土楼的影响，这座大院略呈长圆形，大院的龙门子开在西北角，各家的大门面朝圆心，各家的围墙连成一体，形成外圆。大院的东北角是一段公用过道，公用磨坊就设在这里，屋顶特别安了亮瓦，便于推磨。出了磨坊左拐，是一个竹林环绕的小天坝。距离磨坊二十来米有一口古井，井台用红砂石砌成，井旁有一棵古树。

这里的院子有两样东西必不可少。

一是水井。凡是有院子，其中必有一口水井。此地处于坝区浅表水层，井水清澈甘洌。井口有木板做的井盖，人们掀开井盖，打起井水，在井边淘米、洗菜、洗衣。夏季，手提水桶就可以打上凉幽幽的井水；但是，一到冬天枯水期，就得搭着梯子下到井底去淘井，以保证源头活水。若不淘井，那井就只有废了。

二是石磨。在农耕时代，石磨是农家必不可少的工具，平日里招待客人或改善伙食推豆花时需要石磨磨豆子，过年过节吃汤圆、做馍馍时需要石磨磨糯米，将黄澄澄的玉米粒磨成面也需要石磨。这片田野上的农家有一个好习俗，大凡院子里都会专门配上一副石磨，把它安置在一间空房里，方便大家使用，以备不时之需。不过，这种石磨不像北方那种以牲口拉动的大磨盘，也不像手磨，它的直径约有一米，磨盘底下垫着石头墩子，磨盘上面安装磨子。石磨的上扇楔进了一根T形把手，方便推动。

这一高坝田上的农家与川西平原上农家的种植习惯一样，深秋点麦子、油菜，初夏双抢大忙，既抢收油菜籽，又赶插水稻秧苗。这里的土壤并非某些书籍记载的油沙土，而是很有黏性的黄土。高处的一片片山地耕种起来特别麻烦，先要使用又长又大的挖锄将黏性很强的黄泥饼子逐一翻起，让阳光晒干土里的水分，这叫炕地；

然后使用锄头将其敲碎，再来开沟整地，栽种蔬菜杂粮。这高坝田上出产的红苕，个头大，味道甜；出产的韭菜，长三尺有余，又肥又嫩，食之齿颊留香。

居住在这里的湖广人，其生活习俗与居住在沙河以东浅丘陵上的客家人不一样。湖广人的祖籍之地多河流湖泊，他们喜食鱼虾、鸭肉，口味相对清淡；来自赣、闽、粤的客家人，则更爱吃猪肉、牛肉，口味偏麻辣。湖广人居住的林盘院落隔条府河就是老城区，得地利之便，农闲时节，男人们喜欢渡过府河，进城去做点临时性的小生意；女人在操持家务之余，便在屋檐下架起绷床飞针走线，精心制作传统的刺绣工艺品，拿到集市出售，换取柴米油盐钱。

居住在这里的湖广人，习惯将干辣椒磨成细末，加入上等窝油浸泡，装入打通竹节的竹筒，密封，可以保鲜半年，用它来拌菜或佐餐，令人馋涎欲滴。抗日战争期间，许多城里人到猛追湾东岸这边的农家避难，高坝田上的农家用它作老豆花蘸料，极受欢迎。

居住在这里的湖广人，将农历七月十五的盂兰会称为秧苗会。这天，要聘请五名或七名道士设坛做法事，还要请戏班子唱戏。这些活动体现了人们驱邪祈福、期盼丰收的美好心愿。此时，水稻含苞，只待开镰收割，农家比较空闲，正可松松筋骨，娱乐一番。每家也乐于按田亩摊钱，参加祈福活动和聚餐。道士作法时，数百人围观，里三层外三层，不断叫好，给道士以鼓励。聚餐时，数十桌人热热闹闹，热情的敬酒声，欢快的摆谈声，大家在觥筹交错间其乐融融。晚上还要放河灯，数百只红纸制作的小油灯闪闪烁烁，顺水漂流，倒影如画。

采桑女与栽秧哥

沙河踏水桥是从高坝田去圣灯寺、去成都东山的必由之路。从前，沙河踏水桥两岸的田边、院子外、沟渠旁，到处都植有成行的桑树。那时候的东山农家，几乎家家户户兴采桑养蚕。有的人家不仅取丝出售，而且还将生丝染色织锦，卖到城里的商铺。

养蚕的农户都信奉蚕神，每年三月初三的蚕神诞辰日，养蚕户会全家出动，前往蚕神庙参加庆典祭拜。不只三月初三，之前的腊月三十那天，养蚕的农户总是在吃年饭之前，拿上令人馋涎欲滴的香肠、腊肉、糕饼，来到沙河边的老桑树下，点香烛，烧纸钱，虔诚地祭拜，乞求蚕神保佑来年养蚕顺利、蚕茧丰收。二月惊蛰后，除了将养蚕的器具在大晴天进行清洗、消毒外，还要抓紧时间给桑树除草、施肥、灌水，以保证桑树在天气转暖时多发嫩枝，多长桑叶。

小不点的蚕蚁孵化出来之时，也是采桑女出发采桑叶之日。此时，家长会教给她们采桑知识：怎样辨别老叶和嫩叶，如何拭干叶上露水。其中还包括一些禁忌，比如：吃过大蒜不能进蚕房；如果手接触过蜂蜜，或在泡菜坛子里捞过泡辣椒，就切勿触摸桑叶。

艳阳天好风光，采桑女采桑忙。小姑娘们身背竹编背篼，手拿钩竿，出门采桑。此时，沙河沿岸的老桑树老干虬枝，青枝绿叶，长势蓬勃，不管是谁家栽的桑树，桑叶都可以随便采。采桑女着明丽的春装，在春光中手拿钩竿采桑叶，这一画面不仅在文人墨客的眼中富于诗情画意，就连她们自己也感到好似出笼的鸟儿。她们一身轻松，兴高采烈，走着走着，就会情不自禁地唱起山歌来。这山歌随心所欲，现编现唱，歌声时而嘹亮高亢，映山映水，时而婉转深沉，疾徐有致。岁岁年年，采桑女在采桑过程中唱山歌无形之中习惯成自然，逐渐形成了民俗。东山客家姑娘出嫁前一晚兴唱组歌《哭嫁歌》来告别爹娘兄嫂，其中必定少不了一首《别蚕歌》：

我采桑叶十几年，
桑叶采了万万千。
蚕神送我离家去，
要带背篼和钩竿。
到了夫家更勤快，
一天五次忙喂蚕。
蚕神蚕神保佑我，
蚕宝白胖早结茧。

20世纪50年代初以前，在初夏的沙河东岸，还常常上演这样的“无伴奏民俗情景音乐剧”。当然它并非戏剧，而是真实存在的生活场景。此时接近小满，沙河西岸的高坝田里正在栽秧，东岸的采桑姑娘放下背篼，手拿钩竿勾绿油油的桑叶。也许是哪个采桑女长得美丽动人，触动了栽秧小伙的情思，栽秧哥情不自禁引吭高歌：

隔河采桑三个娇，

三个娇儿一样高。
我的老妹我认得，
瓜子脸儿细眉毛。

对岸的采桑女也不客气，推出一名歌声最美妙的姑娘沉着应对：

隔河栽秧几个哥，
高矮胖瘦差不多。
那个天棒（此处表达一种喜悦）我认得，
闷墩闷墩笑呵呵。

栽秧哥见对岸的阿妹明显表达出一种善意，就得寸进尺地试探道：

采桑老妹多玲珑，
心灵手巧喂天虫。
有心过河帮一把，
又怕老妹吆响筒（赶猪的响筒）。

采桑妹见对方感情真切，便趁机表达自己的心意：

栽秧莽娃命真苦，
衣裳烂了没人补。

有心过河飞针线，
又怕戳烂背脊骨（指流言蜚语）。

栽秧哥受到刺激，不免口出狂言：

采桑老妹才十五，
周周正正好筋骨。
有心等哥等三年，
吹吹打打抬回屋。

栽秧哥的挑逗已经突破了采桑妹的底线，也许采桑妹早有对象，于是她赶紧制止对方的痴心妄想，歌声也不那么客气了。她唱道：

短命莽娃莫乱说，
哪个跟你打乱戳（一种纸牌游戏，借指乱拉关系）。
沙河再深难留水，
大路朝天各走各。

沙河两岸一来一往的以歌声斗嘴的场景，让围观的人大呼过瘾，大家的情绪高涨，在七嘴八舌的赞叹声和议论声里，河对岸的采桑女叽叽喳喳地说笑着，逐渐远去，河这边的栽秧劳动继续进行。这是采桑女和栽秧哥的隔河相遇而引发的一次对歌。这种对歌逐渐形成了沙河两岸的民俗。

沙河沿岸，无数灯笼为织女照明

牛郎织女的美丽传说，是中国千古流传的四大爱情故事之一。每年的农历七月初七，相传成千上万只喜鹊会在银河上搭起桥梁，让牛郎织女在鹊桥上相会，以解相思之苦。七夕节，又名乞巧节，是一个富有浪漫色彩的传统节日，也是过去姑娘们最为看重的日子。七夕坐看牵牛织女星，是民间的习俗，这一天晚上，年轻姑娘会向心灵手巧的织女乞求智慧和巧艺，并且向她求赐美满的姻缘。

沙河两岸的七夕节，与川西平原农家七夕节的过法大体一样。比如：在这天，会以给牛吃炒黄豆的方式犒劳它，好让它去替牛郎挡灾；会在农家的院坝或者天井里摆上桌子，桌上摆放有供品，焚香设祭；未婚少女会取一段抽了芯的豆芽放在铜盆水面上，待豆芽静止后，然后观察所指方向，以此预测个人的婚姻方向；女人会用拴了绣花针的吊线筷子轻放于水面上，一心将针插入豆芽，将它钓起，谓之乞巧；会有人潜伏在屋外的竹林中，试图偷听“牛郎织女”说私房话，第二天再发挥想象，绘声绘色地转述给好奇的小姐妹听等。

沙河两岸的七夕节还有自己的特色，展示了当地姑娘内心的善良和浪漫。天刚黑，姑娘们会纷纷提着防风灯笼来到沙河边，在树与树之间牵上绳子，挂上点亮的灯笼，为的是给天上搭桥的喜鹊照明。姑娘们还将写有心愿的河灯轻轻放在沙河水面上，为的是把通向银河的道路照亮，以方便在天上忙着赶路的织女，让她早一点踏上鹊桥与牛郎相会。沙河流水弯又弯，一盏盏彩色的河灯漂浮在水面；大红灯笼一串串一排排，犹如天上的星星，调皮地眨着眼。此情此景，颇有诗意，透露出河畔女儿的美丽情怀。

踏水桥和刘门放生池

电子科大沙河校区与原电子科大南苑之间隔了一条建设北路，此路穿越从北流向南的沙河，河上有座桥名叫踏水桥。踏水桥是建设路街道和桃蹊路街道的分界线，此桥以北以东的地域属于桃蹊路管辖，以西以南的地域则属于建设路管辖。

▲ 旧时荡舟沙河三洞桥　吕名正摄

在古代，踏水桥是一座石桥，并且是一座有三个桥洞的石拱桥。此桥最初的名称就叫石桥，在清代正式改名为下三洞桥。为什么叫下三洞桥呢？因为在这座桥的上游，另外还有两座三洞石桥。而在现代，关于此桥，却有完全不同的说法，老东郊经常在踏水桥上来来去去，他们看到的此桥就是一座木桥，他们说，站在桥上跳水的游泳者，曾经撞上此桥隐藏在水下的陈年木桩而丧命。孰是孰非，姑且立此存照。

在古代，要修一座经久耐用的青石桥很不容易，沙河两岸并不出产青石，川西平原上唯一出产青石的地方，是平原边缘地带的灌县（今都江堰市）的山中。要从那么远的地方把青石料运到沙河畔，并且在水流激荡的沙河上架桥，在生产力水平低下的古代是很不容易的。因此，一座三洞石拱桥的建成，就成了当地的一件大喜事。石拱桥建成以后要举行隆重的开桥剪彩仪式，这剪彩之后的第一步，自然是由当地的官员来踩。

到了民国时期，这座石桥被当地人叫作踏水桥，并且沿用至今。踏水桥的大名来自一个民间传说。每年的洪水季节，石拱桥的桥面会被淹没几次。相传，沙河东岸有一户人家的女儿要嫁到沙河西岸去，双方请测字先生看了好日子、好时辰，商定的时间是鸡叫二遍时（约凌晨五点）起轿。岂料出嫁的日子迫近，却天天下小雨。下点雨也没有什么不好，是两家人要发财的好兆头。婚礼自然要如期举行。这天凌晨，新郎带着迎亲的队伍，吹吹打打去迎接新娘。谁知当喜轿抬至下三洞桥的桥头时，这才发现洪水竟然漫过了桥面。为了赶时辰，轿夫一时也顾不得许多，只得硬着头皮踏水踩桥而过。等到了夫家，人们这才发现，新娘的绣花鞋和裤脚早已湿透。新郎新娘不怕困难，按选定的好日子、好时辰准时结婚拜堂的故事，被测字先生传得很神，说他们两家如此敬神，都因此得到了好报，小日子过得很顺心、很红火。从此以后，人们就把此桥叫作踏水桥了。

每年的三月初三是踏水桥最出彩的时候。这一天又被叫作女儿节、山歌节、定情节。沙河移民中也有一些苗族、瑶族后裔，在农历三月初三这天，他们有唱山歌相亲的习惯，并且以抛绣球、送自己亲手刺绣的荷包定情。这一天，姑娘们盛装打扮，佩戴着银光闪闪的首饰，揣好刺绣荷包，面带娇羞，结伴在沙河东岸边的老桑树

▲ 踏水桥新貌　常德摄

或桃树下现编现唱山歌。小伙子们也穿戴一新，在沙河西岸隔桥对唱。不论姑娘还是小伙，一旦发现对岸的意中人，不论认识与否，便可以按照对方的旋律接唱歌曲。如果对歌的双方越唱越来劲，女方便会示意男方让他过桥，然后二人钻进山林里单独约会。如果双方情投意合，姑娘会送荷包给男方，男方则送银手镯给女方，然后女方会叫男方请媒人提亲。如果话不投机，便友好地分手。直到20世纪30年代，此习俗仍在踏水桥一带流行。

在整修建设北路的时候，踏水桥进行了拓宽，并且将原来的拱面改成了平面。转眼到了2000年，政府决定彻底整治沙河，原有的三洞石拱桥已经不适应时代的需求，于是将它改成了平面的钢骨水泥桥，原有的石拱桥荡然无存，桥名却保留了下来。如今，在踏水桥的桥头还专门立有一个历史文化地标，其上有踏水桥的桥名和简介。

在沙河东岸踏水桥地标的附近，还另有一个“放生池”的历史文化地标。

这个放生池曾经名气很大，具体位置在踏水桥上游半里许的山脚下。这个放生池的全称叫刘门放生池。这口池塘五六亩，四周以堤埂围护，堤上竹树丛生，苍翠葱茏。此池塘开凿于清光绪年间，主持凿池的是当地的乡绅——刘门弟子刘子维。堤埂上竖有一通石碑，镌刻有“放生池”三个大字，书者为文德彬。刘门放生池是成都的刘门弟子所办的慈善事业之一。

那么，何谓刘门呢？

刘门是槐轩学派的简称，开宗祖师是刘沅（1767—1855）。

刘沅，字止唐，号清阳居士，双流彭家场人，槐轩学派创始人，有《槐轩全书》等著作二百多卷传世。他十七岁时选入县学，二十三岁高中举人。二十八岁与其兄一同赴京赶考，却名落孙山。但他后来却遇到了影响他一生的两个重要人物，一个是得道高人静一道人；另一个是闲云野鹤般的神秘人物——野云老人。在实践两位高人修炼之法的过程中，刘沅渐渐脱胎换骨。至四十五岁迁居成都南门纯化街时，其学术思想已蜚声巴蜀，且门徒众多。因其新居有棵浓荫匝地的百年老槐，遂将此新诞生的学派命名为“槐轩学派”。

槐轩学派的核心思想是以儒为本，兼采佛道，用儒家的仁爱思想作为基础，是一个教化人心、纯化风气的社会团体。槐轩学派办教育、行慈善、崇礼教，构筑了一套完整的天地人神鬼祭祀程序，形成了一个影响全川，深入社会各个阶层，俗称“刘门道”的民间宗教，于民国中晚期达到鼎盛。经过一百五十年三代掌门人的继承和发展，其学术思想体系复杂多样，几乎涉及整个传统文化领域，至今还无一人能够全盘把握。

“刘门道”的蓬勃发展，需要一座灵山作为弘法的道场。新津县的灵山秀水一直被杜甫、陆游、苏辙、钟惺、唐明皇、禅宗六祖北派祖师神秀大师等名人所推崇。刘沅在亲点的四大弟子之一的新津人孙海山的引荐之下，将目光瞄向了坐落于新津县的道教名山老君山。在嘉庆末年的一天，他上山朝拜了古柏掩映的老君庙，决定将槐轩学派的弘法基地放在老君山。

他不仅捐资修缮老君庙的殿宇，而且还在山顶的左侧，在古木参天的柏树林中修建了一座轩敞的别院。于是，老君山成了“刘门道”

的圣地，香火日益兴盛。

“刘门道”既有道教的“道法自然”，又有儒教的入世精神，并且与普通人的日常密切相关，刘沅因此被尊为“道教火居祖师”。火居道士，指活跃在民间的看风水、做丧葬法事的阴阳先生，他们既是道士，又是可以结婚生子的芸芸众生的一员。

放生池最辉煌最热闹的日子，是农历四月初八。这天既是佛祖释迦牟尼的诞辰日，是浴佛节，又是传统的放生节。那时的人们受宗教思想的影响，不仅当天不杀生，还会将捕捉到的乌龟、黄鳝、各种鱼和鸟儿放生，水族类往往拿到寺庙去放生，或就近放入水稻田喂养。更有成都市内和东山的许多百姓专程赶到东郊唯一的这口放生池来放生，从早晨到下午，放生的人络绎不绝，那情景如同赶庙会一般热闹，人们既是在看热闹，也是在互相品评放生的善行。为此，成都知府还专门立了“严禁捕捞”的告示碑。

圣灯寺和燃灯道人

在和猛追湾相对的沙河东岸一里许的地方，有一座佛教庙宇圣灯寺孤零零地矗立在浅坡上。圣灯寺是成都东山三座有名的庙宇之一，北上东进的大路就从寺前经过。圣灯寺的主体建筑是青砖粉壁的四合院，山门为砖砌的八字墙，有一条青砖铺的甬道连接前殿，两旁是属于庙产的庄稼地。前殿与大殿之间有较轩敞的院坝，左右两边是厢房。圣灯寺四周竹林荫蔽，周围有环绕的矮墙和竹篱，门墙下有一湾潺潺流淌的小溪，风吹翠竹，竹尾飘扬，平添了别样的韵致。据民国二十一年（1932）的《华阳县志》载，该寺建于明万历二十年（1592），清康熙年间重修。据说该寺最值得称道之处，是寺内的塑像，无论是笑口常开的弥勒金身坐像，还是佛教的护法神韦陀，以及彩塑的四大天王像，皆造型生动，惟妙惟肖，堪称上乘之作。头殿正中，供奉着一尊慈眉善目、笑口常开的大肚罗汉，神龛两边挂的楹联饶有兴味：

> 口笑岂无因，不断桃花流水。
> 袋空非有物，唯遗明月清风。

有研究者却认为，东郊客家人崇信道教，圣灯寺在抗战前未办学时虽也有住持僧人，但供奉的却是《封神榜》中头上有发髻、身穿道袍的燃灯道人，而非头上有螺髻、身披袈裟的佛祖。

所谓燃灯道人，其实是《封神榜》（又称《封神演义》）中虚构的人物，该书作者是许仲琳（一说陈仲琳），约成书于明朝隆庆、万历年间。小说以姜子牙辅佐周文王、周武王讨伐商纣王的历史为背景，描写了阐教、截教诸仙斗智斗勇、斩将封神的故事。在小说中，燃灯道人是元始天尊的弟子，阐教副教主，其法宝是琉璃灯，他曾经帮姜子牙破十绝阵，收有弟子李靖（哪吒的父亲）。

燃灯佛又名定光佛。《大智度论》说："如燃灯佛，生时一切身边如灯，故名燃灯太子，作佛亦名燃灯。"在佛教寺庙毗卢殿中，供奉有三尊佛像：燃灯佛（过去佛）、释迦牟尼佛（现在佛）、弥勒佛（未来佛）。燃灯佛还是释迦牟尼佛的授记之师，是他预言九十一劫后释迦牟尼会出世。

佛教诞生于公元前6世纪，这是有史可据的，《封神榜》出现在16世纪，二者相距两千二百多年。作者许仲琳是道教的狂热崇拜者，这么一部天马行空的小说，把佛教的燃灯佛、三大士都变成了道教的神仙，观音菩萨变成了慈航真人，燃灯佛变成了燃灯道人，并且小说还断言燃灯道人是"神仙班首，佛祖源流"。

大约当初圣灯寺在塑佛像的时候，工匠一定深受《封神榜》的影响，既然燃灯道人是"神仙班首，佛祖源流"，将大殿上的佛像塑造成燃灯道人的模样似乎也并无不妥。燃灯佛既然又叫定光佛，地位极尊，生时身边一切光明如灯，那么此庙当然就该叫圣灯寺了。圣灯寺的横空出世，让沙河两岸的乡民们心生祈盼，唯愿：圣灯高照，一切光明；驱邪庇福，户户安康。因为圣灯寺，庙宇所在的村落取名圣灯村，庙宇所在的乡取名圣灯乡，圣灯乡政府的原址就坐落在距离圣灯寺约一公里的沙河西岸边（今建设路建设大桥桥头红叶雕塑附近），距离今建设路街道办事处很近。

农历四月初八，释迦牟尼诞辰日这天，圣灯寺以及沙河沿岸的各个寺庙都会举办“龙华会”，僧人会事先准备好撒满鲜花的五香水，当着前来进香的信众的面，为铜佛洗浴。这天还是药王菩萨的生日，圣灯寺同时还举办庙会，为药王菩萨做生。这天赶庙会的男女老少情绪高涨，络绎不绝，他们携带着自己平时很少吃的刀头、雄鸡、鲤鱼，还有茶水、白酒和香烛纸钱等，赶到圣灯寺，敬献给药王。十来亩大的圣灯寺人头攒动，进香还愿的香客、摆桌义诊的医生、施舍药品或者卖半价药的善人，熙熙攘攘，就连寺庙周围的竹林也挤满了人。圣灯寺给朝拜的信众开流水席斋饭，真是热闹非凡。

四月初八正当抢收小春、抢种大春的双抢大忙季节，沙河两岸的人们居然能够放下农活儿赶庙会，可见庙会活动之深入人心。圣灯寺正如沙河畔的一盏明灯，吸引着人们前去进香朝拜，它在无形之中抚慰着人心，让人觉得日子有盼头。

农历七月十五是民间的盂兰盆节，也被称为中元节。此时为农闲，水稻丰收在望，只等开镰。这天，沙河农户会到各寺庙上香，吃盂兰盆果蔬斋饭。圣灯寺与沙河沿岸的佛教、道教庙宇一样，在这天会举行法会，设百味果宴招待十方僧人香客。入夜，人们在木板上摆放油灯、食物，沙河漂放河灯，以此祈求丰收。

成电，新中国的电讯梦

自1953年起，府河猛追湾东岸至圣灯寺这一带逐步建成了国防工业区，建成了中国三大电子工业基地之一的成都东郊大本营。1955年5月，一个千载难逢的历史机遇落到这片田野上。在共和国总理周恩来的亲自部署下，当时国内理工科实力最强的上海交通大学电讯工程系、南京工学院无线电系、华南工学院电讯系被调出，在滚滚流淌的沙河与府青路之间，毗邻成都东郊军事工业区，圈出六百六十亩土地，开始筹建中华人民共和国第一所电子信息高等学府——成都电讯工程学院，人们亲切地将它简称为“成电”。新中国的电讯梦就此起步。

成电主楼，见证历史的老建筑

▲ 成电沙河校区新貌　常德摄

在建设路高地中心那个十字路口左拐，穿过琳琅满目的小吃一条街建设巷，再跨过建设中路，就进入了原来的成电南苑。在20世纪90年代以前，成电的教职工宿舍、学生宿舍、幼儿园、医院、小学都设在这里，那时这一片基本上都是三层楼的苏式红瓦红砖楼房。后来，这片南苑卖给了开发商，现在这里有一条横穿的公路，路两边是两个新建的商住楼盘，一个叫太阳公元，一个叫甲壳特区。如今，成电的教师宿舍区已经迁移到沙河东岸，称为电子科大东苑，又叫电子科大社区。电子科大社区（包含院士楼小区）是个绿树成荫的园林式社区，镶嵌在桃蹊路街道之中。因为成电南苑过去一直属于建设路街道管辖，熟人熟面孔，习惯成自然，为了方便成电的教师们，成华区政府特意开了绿灯，决定电子科大社区属于建设路街道管辖的隶属关系不变。于是，这个社区成了建设路街道的“飞地”。

走过两个商住楼盘，就来到了建设北路二段，公路的对面就是大名鼎鼎的成电（今电子科技大学沙河校区）南大门，米色地砖铺就的宽阔广场后面是成电的标志性建筑——教学主楼。

这是一幢苏联风格的大楼，以米色为基调，深浅有致，楼体长223米、宽75米，建筑面积（地上部分）为26323平方米。这幢大楼最初只是以红砖为外表的粗糙楼房，整幢楼没有用钢筋，全是用砖块砌成的。它仿照苏联莫洛托夫动力学院教学主楼设计，原本拟建七层，因担心成都地下水位高、地基不牢，最后只建了五层。整个修建工程由二机部第十设计院负责设计，由建筑工程部西南第一建筑工程公司负责承建，是成电筹委会成都基建处依靠省、市政府的统筹支持而建成的。六十多年前，成电主楼是亚洲单体建筑跨度最长的大楼，是成都体量最大的单体建筑，它巍然屹立在稻田中，显得极为雄伟壮丽。

电子科大校史办公室的老师张丽霞在其《沙河校区主楼的修建过程》一文中写得比较清楚。主楼的设计是非常讲究的，门廊设计了

▲ 旧时从稻田望向主楼 陈艾摄

八个气派高大的拱门，不仅有地下室，还有防空洞。楼层内部有电焊球形灯、吊灯、广播信号设备、实验室电气设备、避雷网设备、消防栓、暖气管道等，分别能容纳90人、120人、150人、210人的各间大教室都做成阶梯教室，装置了玻璃材质的活动黑板等。

国家要求，成电必须于1956年秋季按时招收新生开学。1956年4月11日主楼正式开工，前几个月的施工既紧张忙碌，又井然有序，一切都按照建设进度计划在有条不紊地进行着。但是工程越往后推进，原材料供应就越紧张。别的不说，每天光是红砖就需要五万多块，最要命的是，这些红砖成都附近不能生产，还必须得从内江等地的红砖厂运来。不仅每天的红砖需求量无法保证，就是交通运输也成了大问题。关键时刻，成都市政府得到了省政府的支持，省政府当机立断，决定将成都及附近县城的城墙拆除一部分，以厚重的城墙老砖暂时取代红砖。通知下达后的第四天，城墙老砖陆续运到，解了燃眉

▲ 1956年9月17日成电开学第一天　陈艾摄

之急。就是这些取自成都市和附近县城城墙的古董老砖，砌成了教学主楼的底层。

到了1956年9月初，教学主楼轮廓初现，其雄伟壮观的面貌令人惊叹。9月15日，主楼两翼基本完工，一、二层还实现了临时供电照明。但是，因为缺少材料和零件，门窗的玻璃只装了一部分，卫生间还不能使用，楼梯也还没有装扶手。不仅如此，主楼中部的正厅、大楼梯间、门厅、科学会议厅还在继续施工。此时的教学主楼不可谓不特殊，令人难忘：主楼周围还立着鸟笼般的脚手架，主楼背后的大片水稻田刚刚被收割过，金黄色的稻草垛排列在宁静的田野中，犹如即将接受检阅的方阵。

▲ 沙河边晨读　成电档案馆供图

临近开学的那几天秋雨绵绵，高坝田的黄泥非常滑腻。新生来自上海、北京、广州、南京，他们或乘船或乘车，有家庭贫困的新生甚至步行几百里路赶来，大家就像几千条涓涓细流，从四面八方汇聚到沙河畔的成电。可此时的成电分明就是个大工地，脚下是沙土泥泞，耳朵里是发电机和搅拌机的噪声。因为到处泥泞，在积水多的地方，甚至用迁坟的棺材板搭便桥，弄得胆小的女生都不敢过。

9月17日这天，成电如期正式开学。这是一个下着小雨的早晨，三千名师生踏着泥泞、冒着雨走进教学主楼，学生们在教室里的混凝土地面上席地而坐，一人拿一块木板当课桌，上了第一堂课。这一堂课的意义特殊，这是中华人民共和国第一所电子专业大学的第一堂课，这里寄托着电讯梦。此时的办学条件确实很艰苦，学生食堂是一个大草棚；厕所也是川西平原司空见惯的大草棚覆盖的大粪坑，大粪坑上用木板隔成蹲位。

一转眼，到了21世纪初，饱经沧桑的主楼已经难以承担当代的教学任务，于是大规模的装修改造开始了：门窗、线路、管道、厕所需要更换或改造，外墙、内部需要重新装修。2002年2月，改造工程正式开工，当年9月完成，一幢独特的欧式风格的建筑出现在人们眼前，不仅宏伟壮丽，而且典雅厚重。改造后的主楼有网络接口、有线电视、全方位的监控电脑、空调、应急电源、报警装置等，焕发出现代化的迷人气息。

2009年1月，电子科技大学新校区（清水河校区）的教学新主楼正式竣工。新主楼比沙河校区的成电老主楼大三倍多，正面长365米、高46米、总建筑面积达81350平方米。新主楼融合了现代科技，其内部设计不仅具有现代特色，而且还进行了创新。最难能可贵的是，为了体现文化内涵的一脉相承，新主楼在风格上继承了老主楼的厚重、大气和典雅。老成电人每每一见新主楼，便会不由自主地涌起对老主楼的回忆，仿佛又见到了老成电的青春岁月。2010年11月，新主楼以其承前启后的鲜明特色荣获了中国建设工程最高奖——“鲁班奖”。

成电首任院长吴立人

有一天，笔者去电子科大社区采访两位老师。在车水马龙的建设桥头左拐，先是傍着沙河西岸的建设北街走，然后跨过建设路街道和桃蹊路街道交界处的踏水桥，进入桃蹊路街道辖区，再傍着沙河东岸的秀苑东路走。沙河两岸的绿化带给笔者留下了很深的印象，尤其是植于1955年的法国梧桐，一棵棵巍然矗立，老干虬枝，生机勃勃。法国梧桐学名叫悬铃木，相传最早产于中国，一百多年前被引进欧洲，在英国进行了品种改良，再被法国人带到上海种植，因此被误认为是法国梧桐。悬铃木是名副其实的长寿树，可以活一千多年，最长的甚至可以活到三千多年。

悬铃木是沙河边的参天大树，是成都东郊工业区和成电的见证者，也是其沧桑历史的象征。2016年，成电建校六十周年，校方邀请四川人民艺术剧院的艺术家为成电的六十华诞排了一出校史话剧，名叫《又见青春》。剧作将成电六十年厚重的历史浓缩，精选了六十年间的十二个时刻，演出效果极其感人，叫人热泪盈眶。此话剧两次使用了同一张悬铃木的照片作为天幕背景，几棵粗壮挺拔的悬铃木呈半剪影状态，以近景的方式被推到观众的眼前，从枝叶的间隙可以望见远处蛋青色的成电教学楼。这张照片厚重大气，跟成电六十年的厚重历史非常般配。

这张照片，让人不由自主地想到了一个人，他就是成电的首任院长兼党委书记吴立人先生。他就像沙河边的梧桐树一样，虽然饱经沧桑，却雄壮伟岸，顶天立地。1955年11月，时任第二机械工业部（即国防工业部）第七局（即电信工业局）局长的吴立人被任命为成电的筹委会主任，随后又被任命为院长兼党委书记，直到1959年悄然离去。吴立人担任成电院长只有三年多的时间，却给成电留下了宝贵财富，让老一辈成电人一提起他就感叹唏嘘。

电子科大校史办公室的杨红老师所著的文章《成电首任院长兼党委书记吴立人》清楚地记载了老院长吴立人的事迹。

▶ 吴立人 成电档案馆供图

1955年5月，周恩来总理一锤定音，将上海交通大学电讯系、南京工学院无线电系、华南工学院电讯系调出，在成都东郊组建中华人民共和国的第一所无线电大学——成都电讯工程学院。当年11月，吴立人接受了组建成电的任务。新学院将建立在一片农田上，完全是白手起家，筹备新学院的工作可谓千头万绪，但距离成电开学的时间已不足一年。最麻烦之处在于，相关的人力资源和物资分散在上海、南京、广州。时间紧，任务重，困难多，但这些都难不倒老八路吴立人。

周恩来总理看好吴立人是有充足理由的。吴立人曾就读于北平华北大学，是“一二·九”学生运动的活跃分子，抗战前加入中国共产党，抗战时期担任过冀中九分区地委书记兼九分区游击纵队政治委员，抗战胜利后担任过保定地区的领导人。他曾经有过三次办学的经验：1938年3月，协助校长杨秀峰（中华人民共和国首任高教部部长）办冀西抗日军政干部学校；1938年8月协助院长杨秀峰创办河北抗战学院；1943年4月至1945年8月，协助校长彭真创办中国共产党晋察冀分局党校。

明知山有虎，偏向虎山行。吴立人二话不说，慨然走马上任。他首先带队到上交大、南工、华工三个学院深入调研，摸清了家底和相关教师、学生的思想状况，并进行了卓有成效的鼓动和宣传。1956年6月，学校筹委会从北京迁到成都办公。在此之前，三校相关的筹委会委员分散在三地，他只得孤身一人，经常奔波于京、沪、宁、穗之间，运筹谋划。在与三个学院教师的不断交流中，吴立人逐渐形成了筹建成电的具体思路，他认为多重用懂教学的人参加建院，既可以提高工作效率，少走弯路，又可以增加教师对新院的热爱。他搭建的筹备组的工作班子全都是懂教学的教师。无论是负责跟外交部沟通联系聘请苏联专家的，负责三校搬迁以及新院主楼建设、校舍配套等总务工作的，负责新院招生工作的，负责筹备新院教学计划和课程设置工作的，负责在上海采购仪器设备的，负责筹建新院图书馆、购置图书的，还是负责新院主楼实验室电气线路的设计、安装工作的，负责重庆转运站工作的，吴立人全都委托相关教师负责到底。在吴立人的感召下，大家任劳任怨，通力合作，各项筹备工作都在紧张有序地推进着。

▶上海交通大学电讯系学生赴蓉前合影 成电档案馆供图

1956年5月，上海交通大学在欢度六十年校庆之后，包了一艘名叫“嘉兴号”的轮船，船上载着上海交通大学电讯系和南京工学院无线电系的教师以及家属，电讯系二、三、四年级的学生，仪器设备，图书。轮船乘风破浪，沿着长江溯流而上。轮船从上海出发，经过南京、武汉、宜昌，直抵水路目的地重庆朝天门码头。在重庆下船以后，接到成都这边的通知说房子还没盖好。没办法，他们只好在一所中学住下，把桌子拼起来当床铺，住了一个多星期。之后，所有人员改乘火车，终于在鞍马劳顿半个月之后顺利到达成都东郊。

成电从1955年5月开始谋划，同年11月任命吴立人为建校筹委会主任（后改任院长），1956年1月在成都沙河边选定校址，同年4月11

日主楼破土动工，同年9月17日正式开学行课，这一连串的时间节点让人惊叹，“成电速度”真是前所未有的一大奇迹。正是有了吴立人等一批老成电人呕心沥血的奋斗，有了他们的无私奉献，中华人民共和国的第一所无线电大学才顺利诞生。

难能可贵的是，吴立人校长尊重知识、尊重人才，认为人才才是办大学的基础。在成电的筹建过程中，他不仅在会议上号召三校的教师到成都大展宏图，而且深入各位知名教授的家中谈心，做动员工作。吴立人还通过关系联系上一批从国外回来的无线电专家，他上门去动员这些海归无线电专家，邀请他们到中华人民共和国的第一所无线电大学任教。他对领导班子成员说，凡是来成电工作的教师，“都是了不起的，他们放弃了繁华大都市优越的宿舍，还有比成都高的工资待遇，举家搬迁到成电参加建设，奉献学识，要关心照顾好他们！”每当有教师千里迢迢来到成都，他总会开出学院唯一的那辆吉普车，亲自去车站或者码头迎接。

▲ 成电首届本科生毕业留影　成电档案馆供图

吴立人不仅尊重人才，而且还很信任他们。学院首届开学典礼上，他在讲话时表达了强烈的愿望："希望我们成电能够跻身亚洲一流，成为万人大学！"他特意强调，要求管理干部"要全面细致地贯彻为教学服务的精神"，"要为教师做好服务，服务教师就是服务教学"——这是吴立人在学校会议上的老生常谈。在20世纪50年代中期阶级斗争的弦绷得很紧的情况下，吴立人超前的办学思想结出了丰硕的果实。在建院初期，成电汇聚了一批电子科技领域最权威的专家和学者。

吴立人对待教师真诚慷慨。童凯老师某次手指受伤，打算步行去医院，吴立人得知消息，坚持派出吉普车送他去治疗。还有一次，学院的一位女教师到东北某温泉疗养治病，因汇款未到，生活拮据，于是写信向时任哈尔滨工业大学副校长的吴立人求救，此时虽然他早已调离成电，并且跟这位女教师素未谋面，但他仍然汇给她一百八十块钱，须知当时助教一个月的工资才五十三元。由此可见吴立人人品之优秀。

吴立人对学生的关心也很真诚。校史话剧《又见青春》里有一个真实的细节。1956年初秋，学生宿舍还没建好，学生们都暂时住在茅草屋里，双层架子床就铺在长满杂草的黄泥地上。一到晚上，蚊子多得吓人，吴立人送蚊香上门，对学生嘘寒问暖，学生们还以为他是分管总务的老师。此事让学生们很是感动。

最难能可贵的是，在1957年那场著名的"引蛇出洞"的"反右"运动中，吴立人坚决反对将那么多的学生和教授定为"右派"。最终，他保住了一批学生和教授，却没能保住自己，因为按照工作组的逻辑，他分不清香花和毒草，他本人就是“右派”。他强调的为教师服务就是为教学服务，竟被上纲上线为向资产阶级知识分子投降的高度。因为“严重右倾”的问题，吴立人被撤销了党内外一切职务，由行政七级降到八级，于1959年悄然离开成电。即便如此，他还是记挂着学生。《又见青春》中的一幕就展现了这样一个真实的细节：一些女生因为“大跃进”而营养不良，不来例假，吴立人知道后，特意通过战友从西藏带回了专治这种病的藏红花，而此时他的处分决定已经下达，他一手送出藏红花之日，也是他悄然离校之时。

吴立人注定是悲剧式的英雄人物。作为英雄人物，他的革命经历颇具传奇性。著名长篇小说《野火春风斗古城》以及根据该小说改编的同名电影，在当年是年轻人最喜欢的革命文艺作品之一，发生在男一号杨晓东身上的故事，就是以吴立人在冀南一带的革命经历为原型。这样的传奇英雄人物，家庭生活却不太幸福。当年，吴立人辞掉二机部第七局局长的职务，到成都组建成电，其夫人却从未踏上成都一步。他来成都赴任，是孤身一人带着三个学龄前的儿女，又乘车又乘船，从北京乘火车到武汉，再乘轮船到重庆，一路上含辛茹苦，岂料三个孩子都传染了麻疹，一路哭哭啼啼，弄得他手忙脚乱。幸好学校为他配了一个忠实憨厚的通信员小周，在成电任职期间，全凭这个小周帮助他打理家务。如今小周已是耄耋之年，谈起吴家的往事仍感叹唏嘘。

吴立人离开成电后，先后任哈尔滨工业大学副校长、齐齐哈尔市副市长。粉碎“四人帮”以后，任河北石家庄化工学院副院长。1979年9月17日，成电秋季开学的这天，身患癌症的吴立人形销骨立，瞪着无神的双眼，遥望着西南方向的天空，嘴角挂着浅浅的微笑，溘然长逝，终年六十五岁。不久，吴立人获得了迟来的平反昭雪。胡耀邦同志向吴立人的遗属传达了中央的重要批示：“吴立人同志是我党久经考验的坚强的无产阶级革命战士，优秀的共产党员。”

如今成电人可以告慰老院长的是，成电已经是跻身亚洲一流的万人大学。成电成了中国电子院校的排头兵，是当今最具专业优势的重点大学。五千多亩土地，三万多名学生，两千多名教师，十一名两院院士，近百位国家级专家，二十四个院校。正如《又见青春》所说：如今，信息技术已经成为社会发展的主要驱动力，成电能为每一位学子提供平台和机会，他们可以成为精英和栋梁，用毕生的奋斗，成就最有价值的人生。

成都电讯工程学院选址内幕

成都电讯工程学院的老校址（今电子科技大学沙河校区）坐落在沙河畔，校园里绿草如茵，树林蔽日，教学主楼宏伟壮丽。正如成都东郊工业区地址的选定是反复权衡的结果一样，成电老校址的选定更是经历过反反复复的踏勘和考量。

1955年5月，在四川成都建立成都电讯工程学院的消息传出后，国家指定中央高等教育部与第二机械工业部负责学院的筹建。由高教部负责配备师资，二机部负责行政干部的配备。新建一所大学可谓千头万绪，但校址的选择是头等大事，因为它用地量大，牵涉方方面面。时间紧迫，时不我待，抢在新学院筹委会召开第一次会议之前，1955年7月18日，筹委会派遣博文、付远林、张恩元等持二机部党组书记赵尔陆部长的介绍信赶到成都，开始进行新学院院址的选择工作。他们的工作得到了成都方面的大力支持。随后，他们按照城市发展规划提出了四个院址方案。以下根据档案材料的记载，将相关情况简述如下：

方案一：北门火车站通城内马路的东边，簸箕街的西边。

经在地图上衡量，该区域地形狭长，离火车站太近，声音嘈杂，且适用面积只有60万平方米（约900亩），无发展余地，不适宜建一所大学。鉴于此，选址小组决定不去实地察看。

方案二：簸箕街的东边，府青路以西，沙河以南，府河以北。

该区域位于成都市城区东北侧路南乡，横跨胜利村、快活林、团结村、力量村、互助村等五个村，距成都古城墙半公里，西距簸箕街约200米，南距曹家巷300米，东靠府青路，北接沙河绿化带，面积约100万平方米（约1500亩）。这个地方交通方便，四周均有公路，饮用水无问题，下水可排入府河。

方案三：青羊宫以西，成温公路以北，规划公路以南，财经学院以东。

该区域位于西城区青羊宫西侧的光华乡，横跨保卫村、工农村、爱国村等三个村，距城墙约2公里，面积105万平方米（约1576亩）。南面公路与南河相靠，其优点是区域内无嘈杂声干扰，林木葱郁，环境幽静，附近有草堂寺、百花潭、青羊宫等名胜古迹。缺点是缺乏一条进城的公路，交通不大方便，上水离自来水厂较近好解决，但下水的排放不好解决。

方案四：乡农寺街后边，李家碾附近地区。该地区位于城西偏北地带的青西乡，距城约2公里。

该区域东起乡农寺与花牌坊交界处，南至林巷子，西至三座坟，北至乡农寺街、犀角河后居民区。占地面积为60万平方米（约900亩）。东西长1000米、南北长600米。交通线有成灌公路。

半个月后的8月3日，中共成都市委召集市城建委、学院筹委会成都工作组共同研究校址方案。市城建委认为方案二比较理想，该区域交通便利，离城又近，用水用电容易解决，东面和成都东郊工业区接近，福利设施可共同利用；该区域的东北区距离府青路很近，府青路是火车站连接城区的货运干道，过往车辆较多，这对学院会造成一定的影响，但在1960年后该公路会向东改移，不利影响将会减少。其次是方案三，方案四条件最差。学院筹委会工作组经过实地调查后，基本上同市城建委意见一致。会上，市委的负责同志进行口头传达：“省委无意见，确定后报省委备案。”接着，市委提出了意见：方案二改为第一选定方案，方案三改为第二选定方案，方案四条件差，不予考虑。随后将此情况上报省委。

次日，学院筹委会工作组便派人回京汇报。高教部、二机部和苏联顾问三方会商，一致认为，中共成都市委确定的第一选定方案离城近、交通方便、地势较高，道路、上下水道及电源均好解决，同时靠近二机部十局的715、719、784、788（后改为国营773厂）四个新厂，符合工业学校接近工厂的原则。于是委托二机部第三设计院苏联专家波恰可夫为设计总工程师，立即进行总体设计。

仅仅过了二十来天，波恰可夫就完成了初步设计及总平面草图，并于8月30日提请市委、市城建委签土地协议书。此时，市委提出：为慎重起见，需要向省委正式报批；同时又指示：可以在该方案内进行准备工作。以至于出现了以下特殊情况：在学院设计任务书未经国家正式批准下达，校址尚未选定的情况下，9月2日，二机部十局设计处和西南设计院已开始分别对教学区和福利区进行设计，并编制设计任务书。

一个月之后的10月初，省委正式回复意见：经审查研究，省委不同意原定方案。理由是该地产粮多，应在市郊的丘陵地带及山区重新选址。

这就意味着之前的工作全都打了水漂，此时离中央定的开学日子已不满十一个月，可是连校址都还没定下来，相关人员内心的焦灼可想而知。学院筹委会在二机部十局和第三设计院的两位苏联顾问的指导下，重新组成了选址小组。这个选址小组不同于之前，全部由相关的负责同志组成：有二机部十局副局长王士光、学院筹委会副主任徐思铎，以及省委、市委、施工单位的负责人。为了落实四川省委的指示，选址小组不辞辛苦，从1955年12月至1956年1月都在忙着实地踏勘。成都市区和郊区的龙潭寺、回龙寺、红庙子、狮子山（今川师老校区）、乡农寺、南郊的航空学校、城内的南较场、大坟包（今成都理工大学校址），以及丘陵和山区地带，选址小组总共查看了十六处地点。但是，经过认真比较，所有人都认为，上述地点完全不能与原来的第一选定方案相比。

其中最有说服力的是如下理由：此时已是1956年1月，当年9月必须开学。时间紧迫，学院的教学主楼设计图纸已定，主楼面积大（26323平方米），正面长223米，而丘陵地带的狮子山、大坟包等地，没有足以放置该大楼的平坦地形。如要削平山包进行施工，则施工土方量大，工期长，绝对赶不上9月开学。其他地区或是地形狭小，难以拓展，或是地处偏僻，交通不便。选址小组因此反复报请中央国家建委、二机部，请及早定夺。1956年1月12日，有关选址的专门会议在成都总府街招待所召开，参加会议的有二机部十局副局长王士光，有相关的苏联专家，有省委、市委的相关负责同志。专门会议最后确定了成都电讯工程学院的校址：在成都市东城乡和路南乡境内（后划归保和乡），西靠府青路（原第一选定方案中的府青路西改为府青路东），前临东一环路，东为沙河，南靠猛圣路（今建设路）的一片区域，即现沙河校区的地址。

帮助中国在电子领域奠基的苏联专家

▲ 成电师生与苏联专家合影　成电档案馆供图

笔者曾在电子科技大学东苑采访过成电的两位老专家，一位是八十二岁的教授张兆镗，一位是八十一岁的高级工程师陈宏猷。从他们口里得知：成电之所以在短短不到五年的时间里迅速在无线电领域探索出一条适合中国国情的高等教育办学模式，并于1960年10月被确定为全国重点院校，这与当年苏联专家的无私帮助是分不开的。先后援助过成电的苏联专家有八位，他们在成电工作的时间有的近两年，有的仅几个月。他们不远万里来到中国，克服种种意想不到的困难，为成电的建设和发展做出了重大贡献。

在成电的档案上，永久记载着这八位专家的名字，他们是：弗·尤·罗金斯基、依·弗·列别捷夫、包·依·布拉金、安·阿·日喀略夫、克·阿·沙波斯柯夫、依·弗·沃捷列夫斯基、阿·耶·哈雷宾和阿·阿·波列沃布拉仁斯基。

大体来说，这些苏联专家有四个方面的重大贡献：

苏联当时已形成了成熟的办学模式，苏联专家参照此，协助成电教师共同制定了多个新专业的教学计划和多门新课程的教学大纲。他们带来了当时国际先进的专业理论知识，协助建立新系和新专业。到了1959年底，成电从最初的两个系两个专业增加为六个系十八个专业，其中有的专业在国内高校中属于最早建立的，部分专业也走在国内大学的前列，在国际上也属尖端学科。

为了及时开展教学，苏联专家还提供了课程设计样本、教学法文件以及毕业设计等参考资料。专家们在成电的一项经常性的重要工作，就是开设新课程并编写讲义，特别是一些新设专业课程的讲义。在成电期间，他们开设新课程近二十门，直接编写讲义达十多种，为成电留下了宝贵的教学资料。

顾问罗金斯基初到成电就指出，一个工业大学的水平，首先要看它的实验室建得怎样。苏联专家对实验室的建设规划、仪器购置、实验项目的开展进行了具体的指导。当然这里有个前提条件，为了促进成电实验室的快速发展，二机部对成电在教学仪器购置方面投入巨大。

这些苏联专家首先是一线教师，在为莘莘学子传授知识的同时，更是积极地帮助学校培养师资力量，特别是填补一些在国内尚属新专业的师资空缺。专家们采用个别指导、教学报告、科学讲座、专题答疑等多种形式，迅速培养了一批业务过硬的教学科研骨干。截至1959年8月，苏联专家为成电培养研究生十七名、进修教师四十八名。成电周边就是数家大型无线电国有企业，只要有苏联专家在成电举办的进修班，其技术骨干必然会踊跃到校进修，还有北大、清华、中科大、西安交大及相关研究所的几十位教师前来听课。

其中最令人难忘的，对中国帮助最大的，是一位名叫列别捷夫的苏联专家。

列别捷夫是1956年10月来到成电的，当时他三十三岁，是风华正茂的年纪。他夫人是莫斯科大学教授光学的老师，当时也作为援华专家跟他一起来到成都，在四川大学当老师。成电青年教师刘盛纲一直做他的翻译，差不多有两年时间。

▶苏联专家列别捷夫指导研究生
成电档案馆供图

列别捷夫之所以来成电，他说："因为成都电讯工程学院刚刚成立，什么都没有，我是代表苏联人民来帮助中国搞建设的，当然要到最需要的地方去。”列别捷夫到中国来，刘盛纲去接他，在火车上，他顺便考了考刘盛纲。他问，波导管X波段的尺寸是多少？刘盛纲红着脸，答不出来。如今已是中国科学院院士的刘盛纲都还在提这件事儿。后来他才知道，波导管宽边是二十三毫米，窄边是十毫米。美军朝日本广岛丢原子弹，其雷达用的就是这个X波段。别看这个波导管很小，其貌不扬，它却可以控制雷达，X波段可以作用的距离有两千多公里。

因为下文还要说到波导管，在这里就简单地介绍一下：它是一种空心的、内壁十分光洁的金属导管或内敷金属的管子；用来传送超高频电磁波，通过它，脉冲信号可以以极小的损耗被传送到目的地；波导管内径的大小因所传输信号的波长而异；多用于厘米波及毫米波的无线电通信、雷达、导航等无线电领域。目前常见的有矩形波导管、圆形波导管、半圆形波导管、ku波导管、雷达波导管和光线波导管。

据耄耋之年的张兆镗教授介绍，列别捷夫对成电的影响很大，他留下的三种书——《超高频技术》《超高频电子工程器件的测试》《超高频电子工程》（上下册），都是他的讲稿。他是莫斯科动力学院的教授，来中国的时候还是一名副博士，他刻苦精进，在成电一面给学生讲课，一面做博士论文，1958年回苏联以后还顺利通过了博士论文的答辩，后来被授予苏联功勋。2017年春以九十三岁高龄去世。他在成电讲课时，除了成电的学生，前来进修的还有清华、北大、复旦、同济、南京工学院、国防部第五研究院（今七机部）、西安交大等学校系主任一级的教师。这些来进修的老师，短则半年、长则一年地听课，因为在当时，国内除了列别捷夫，没人能教授微波这方面的课程。列别捷夫不光上课，还从苏联带来了相关资料，磁控管的图纸也带了好多套。张兆镗教授还清楚地记得，他1957年夏天刚从成电毕业，就帮列别捷夫跑腿，把他带来的图纸送到南光机械厂去照图施工，东郊的776厂（即国光厂，为雷达、尖端武器等配套生产电子产品）的好些设备都是南光机械厂根据他的图纸做的。

列别捷夫最大的贡献，不光是那套奠定了中国微波专业基础的教材，他还带了五箱紫铜的波导管给中国做波导元件。

张兆镗毕业以后的第一份工作，就是到南京去，根据列别捷夫提供的图纸，参加磁控管的试制，磁控管试制成功后，他回到学校做波导原件。微波器件、微波传输、微波天线，甚至全国第一套波导元件就是在成电生产的。成电当时有一个实习工厂，生产了一百套波导元件，供应全国所有的国防单位、工厂。波导管在当时只有成电才有，非常紧俏，把它切成一段一段，很短的一节就可以做十个磁控管。当时772厂想要一节一米长的波导管，成电还舍不得给，由张兆镗亲自带了一节到南京去。当时如果没有波导管这个材料，就做不出波导元件，没有波导元件，微波实验室就建不起来。

材料是列别捷夫带来的，图纸也是他带来的。每套波导元件的售价在当时是天价：一万元。有人算过一笔账，20世纪的万元户在今天相当于有三百万。那么，1958年的一万元，在今天来看又该是多少万呢？列别捷夫还给成电订了六套英国产的波导元件，这些对成电五系微波教研组的建设非常关键。成电成了全国的教学圣地，大家都非常欢迎列别捷夫。他是1956年来的，1958年5月走的，之后还来过两次。

列别捷夫为成电带出六个研究生，还培养出了两个院士，一个是成电的刘盛纲，一个是清华的周炳坤。成电的很多老师出差去苏联，经过莫斯科的时候都去他家看望他。据说他家不大，家里连彩电都没有，他把全部的精力都放在了学术上。

2006年成电五十周年校庆，八十三岁的列别捷夫作为嘉宾应邀参加了庆典。走的时候，学校送了他一台彩电和一个随身听，他非常高兴。要知道十几年前，俄罗斯和东欧的好多国家还很落后，旅馆里配备的都是黑白电视呢。

当年，列别捷夫要求成电的青年教师至少要做到两点：1. 在图书馆时不要上厕所。他本人进图书馆三个小时不上一次厕所，集中精力看书或者写文章。2. 给学生上课时，不许带讲稿。他说，老师的一言一行都会影响学生，因此必须要求严格。

列别捷夫帮助中国建立了微波专业，从无到有，把人才培养出来。

此外，微波学科在中国高等院校的建立，还离不开青年教师刘盛纲的努力。给列别捷夫当翻译的那两年，刘盛纲每天忙得只睡三个小时，白天要翻译，晚上要整理专家的讲义，常常半夜三更起床，打个手电，去实验室做实验。那个时候，全体教职工都在为成电的崛起拼命。刘盛纲用两年的时间，将列别捷夫关于超高频的四本书籍在中国翻译出版，并成为中国各大学的教材。

列别捷夫说，回国后，他的书桌上一直放着两样东西：中国政府给他的奖章，刘盛纲的博士论文。

列别捷夫曾热情地鼓励刘盛纲：“契诃夫说，寻求真理的热望和固执的毅力会促使我们不断前进，千万别丧失斗志。我多么期望你的科研项目取得成功，期待你能成为未来的中国科学院院士。”

列别捷夫果然别具慧眼，刘盛纲后来当了十五年成电的校长，成为中国科学院院士，成为国际太赫兹的先驱、中国太赫兹之父。

写进校史剧《又见青春》的实验员

成电在六十华诞之际推出大型纪实校史剧《又见青春》真是明智之举，它用两个多小时的时间，在舞台上艺术地展示了成电的青春和梦想。剧情荡气回肠、催人泪下，给人以深深的震撼。据相关资料介绍：《又见青春》由四川人民艺术剧院国家一级导演唐毓椿先生倾力打造，从最初的构想到最终的实现历时一年有余。主创团队飞越上万公里， 采访了几十位全国各地、成电不同时期的老师和校友。导演组研读了大量和电子科大相关的人物传记、校史、校刊、科技资料，经过无数次创作会的碰撞，历时三个多月才完成剧本，全剧的排演也持续了二十多天。

剧中有个名叫陈宏友的实验员，这是个谐音名字，原型为成电老人陈宏猷，是研究员级的高级工程师，他为中国科技事业毕生奋斗的故事很有代表性。

从南京到成都

陈宏猷于1956年夏天毕业于南京无线电学校，这个学校当年分配到成都东郊工作的有一百多人。那年夏天，他和同学们带着行李，从南京坐火车到了西安。西安至宝鸡不通火车，就改乘拉煤的卡车到宝鸡。夏天本就多雨，有些公路遇雨就泥泞不堪，不能开车。等到天放晴了，他们才能沿着老川陕路坐卡车到阳平关，再从阳平关改乘火车到成都。雨过天晴，停在路边的一百多辆卡车同时开动，那场面甚是壮观。一到晚上需要住宿，前面几辆车的人一下子就把镇上旅馆的铺位包完了，后面的人没办法，只好找到当地的镇政府求援。东道主就把小学的大门打开，让他们在教室里用课桌打铺，好歹住上一晚上。小镇上的小饭馆食物有限，前面几辆车的人轻而易举就把小饭馆的东西吃光了。幸好看见街上有卖核桃的，陈宏猷他们赶紧掏钱买，用核桃来充饥。谁知越吃越饿，又只好麻烦当地政府出面，在小学校里专门给他们做了一顿饭吃。汽车终于到了阳平关，但是离火车站还有一段距离，中间隔着一条河，大家就背着行李涉水而过。一路上虽然吃苦受累，但大家的情绪高涨，觉得很新奇，没有人有怨言。

包括陈宏猷在内有二十多人被分配到成电，成电的人事处长弄了一辆捷克产的斯柯达客车把他们从火车北站接到了学校。掐指一算，从南京出发到成都，耗时十三天。

此时成电正在抓紧建设，无处可住，他们就暂时借住在一号桥下建筑公司的工棚里，后来又搬到784厂的苏式楼房暂住。当时，一号桥到学校的路两边全是农田，桥虽说是木头架的，但是桥面比较平整，可以通汽车。住的地方没有电，每天早晨，他们就拿着一个小墨水瓶到学校，由总务处发一小瓶煤油，以便晚上点煤油灯照明。

到成电后，陈宏猷和他的二十四个同学成了实验员，专门为学生的实验做准备。学校的实验仪器缺乏，正好毗邻的715厂、719厂进了一批苏联设备，学校去这两个厂要了说明书来看，陈宏猷他们就自己动手模仿做了很多套，解了燃眉之急。

同情并保护“右派”分子

陈耕云原是成电电工材料专业室的主任，工作能力很强，也很活跃，但在1957年被打成了“右派”。这样一来，本是一个组长的陈宏猷，反倒成了他的领导，并且还负责监管他。陈宏猷这人天性比较善良，他对有能力的老师比较尊敬，对于陈耕云当然也不例外。但是在开批判会的时候，陈宏猷还得装装样子，做出凶巴巴的样子批判他。起初陈耕云很抵触，最后终于理解了陈宏猷的善意。后来中央下达通知对“右倾分子”进行甄别，陈宏猷就借这个机会提出为陈耕云的“右派”身份进行甄别。

不知陈耕云怎么得知了这个消息，对陈宏猷非常感激。这件小事儿后来被写进了《又见青春》，用了一幕的篇幅来展示，成了成电在那个特殊的历史阶段的代表性事件。

当时右派都不准出门，这正好有更多的时间和机会让陈宏猷和陈耕云一起搞仪器制造。陈耕云没法上讲台，他就为陈宏猷一个人开了一门课，“无线电材料和器件测量仪器”，在那个特殊的历史时期，帮助陈宏猷提高业务水平。1958年到1962年，两人的关系挺不错，虽然有新人调进来，但他俩一直都没有动窝。

“老黄牛”的一生

那时大学里的等级观念很强，就拿实验员来说，工资矮一成不说，最不平的是图书馆的借书规定，实验员只能翻一翻卡片，不许直接进到库房去找书。陈宏猷当时已经接触了好些科研工作，这个规定对他是个束缚，因为人在找书的过程中触发阅读兴趣的情况不在少数。就凭着这一点，他想改变自己的境遇。还有，实验员这个工作岗位很不稳定，哪里需要辅助工作，就把人调到哪里，时而在这个组，时而在那个组。陈宏猷一开始在电子电容器件室，“文革”中被调到修配室当室主任，后来又被调去当半导体车间主任，一直干到20世纪80年代。

回顾人生的这个阶段，陈宏猷感觉还是比较有价值的。他虽然最初是一名中专生，但一直在坚持学习，材料基本学、测量专业的知识，再加上有搞半导体器件的实践经验，又舍得下功夫钻研，一有适当的机会就会发光发热。

从1981年开始，成电引进了不少外国的设备，其中就有扫描电子显微镜。学校专门成立了一个扫描电子室，把陈宏猷也调了过去。哪知日本卖给中国的扫描电子显微镜的资料不全，只有使用方法，没有工作原理。要知道，中国这回一次性地引进了一百多台配备到全国高等学校、研究所、国有工厂，还办了一个用户协会，专门开会讨论不知道机器的工作原理，怎么办？最后由湖北省科委牵头，组织各部门把机器解剖一下，写出说明书来。有个比较难的部分，大家都摸不着头脑。因为当时我国大量使用的是电子管，只有少量的晶体管，还没有用到集成电路。而这个扫描电子显微镜已经集成电路化了。因为成电是搞电子的，大家就众口一词，叫成电来攻克这个难题。成电领导当即找来陈宏猷：“只有你来搞了，我支持你，给你立课题，还有经费。你要请谁帮忙，你要出差，你要花费用，我都给你。”陈宏猷就只有硬着头皮开始干了。好在学校的合作氛围很好，陈宏猷找谁，谁都肯给他帮忙。七弄八弄的，最后居然搞出来了，成果还在四川省得了一个科技进步三等奖。

紧接着，世界银行的贷款又过来了。给了成电600万美元，建立三个中心。陈宏猷和同事就成立了一个材料分析中心，经过招标、评标、考察，进口了大型设备。但是这些设备要怎么应用？当时全国生产录像机一股风，录像机的磁头和磁带之间的缝隙只有0.3微米。在这个缝隙里，磁场是怎么分布的？哪儿高，哪儿低？是横向还是纵向？大家都检测不出来。陈宏猷他们就想到了用扫描电子显微镜的电子探针来分析磁场分布，但电子探针里面是真空，外面无法控制它，普通的扫描电子显微镜无法做到，必须要对机器下面的电路进行改装。加之他们又看到国外期刊发表的和这方面相关的文章，触发了灵感，就决定搞这个课题。七弄八弄的，又搞出来了，《磁头微驱磁场分布自动分析》这篇论文还获得了部里的二等奖。陈宏猷由此在学校取得了一个比较稳定的职位。1993年，陈宏猷获得了政府岗位津贴，1995年升为研究员级的高级工程师。

陈宏猷还捣鼓出一个记录信息的磁光盘，为此他还出了两本与他人合作的著作。硬盘是固定信息，不能重写，软盘可以重写，但是信息容易丢失。磁光盘是可以重写的，其存储密度高，可靠性好，即使在辐射环境中，信息也不会丢失。当时全国形成了一股热潮，都看好磁光盘。国家组织攻关，上海、北京的专家都参加了，搞出了些成果，但是没有产业化，其根本原因还是半导体化的异军突起，随便一个小U盘就是几个G，磁光盘根本搞不过它。但这个项目让成电出名了。

笔者在电子科大东苑社区采访陈宏猷时问他：“这辈子的业余生活是怎么度过的？”

他说：“从现在的观念来看，就是枯燥，用八个字就可以概括：学习学习，提高提高。南苑旁边就是沙河电影院，但我基本上就没去过，要看就是周末在学校看露天电影。星期天也没有说去逛街，客观上是口袋里没有钱，上有老，下有小，经济上捉襟见肘。”

陈宏猷觉得自己这辈子平平庸庸，要说优点就是比较勤奋，纯粹是个“老黄牛”。他说自己问心无愧的是，在每一个阶段他都没有偷懒，一直都在努力学习。

耄耋老翁的皇皇巨著

在电子科大的办公楼上，笔者采访了成电的老教授，研究磁控管的八十二岁的张兆镗老先生。在采访的过程中，不断听到从二楼的音乐室里飘来的歌声。这天是成电退休教师合唱团活动的日子，他们唱的是一支合唱曲，歌声嘹亮、优美、和谐，男声部浑厚透亮，女生部柔美干净，一听就训练有素。就在这歌声中，张教授将自己的故事娓娓道来。

成电建校的另类内幕

张兆镗教授是上海人，精神矍铄，头脑敏捷，说一口吴侬软语味道的普通话，经历了成电从1956年筹建学校至今的全过程。从他嘴里，笔者才得知了三个学校电讯系的教师、学生合并到成电的某些“内幕”。

1956年5月，上海交通大学刚庆祝完六十周年校庆，电讯工程系就启动了整体搬迁任务。此时的张兆镗刚好上完三年级，他和一年级、二年级的同学都必须随系搬迁，到正在筹建的成都电讯工程学院继续完成学业。交大包了轮船“嘉兴号”，将整个系三四百名教师、家属、学生，还有物资，一起送上了大轮船。轮船溯流而上，开到南京，准备迎接南京工学院无线电系的师生上船，结果发现他们居然举着“欢送上海交通大学师生”的标语牌，弄得船上的人一头雾水。事后才知道，南京的师生不必去成都了，因为南京工学院有个系主任名叫陈刚，这老教授很厉害，多次给北京打电话，讲了一大堆理由，结果上面就批示同意他们不迁去成都了。南京工学院有一批人此前已经到了成都，连图书都运过去了，结果只留下两个教授在成都，其余人都返回南京了。

张兆镗他们在重庆下船以后，成都这边传来通知：成都的房子还没盖好，你们别来。没办法，他们只好在一所中学住下，把桌子拼起来当床铺，心急火燎地熬了一个多星期。到成都以后，房子还是没有盖好，就只能借住784厂的宿舍。

与此同时，还有一支队伍也在朝着成电赶，这就是南京无线电学校的毕业生陈宏猷他们。他们又是乘车又是步行又是涉水，风里雨里，忍饥挨饿，在路上整整折腾了十三天。其实，这两支队伍最初出发的时间差不多，陈宏猷他们却还是晚到了几天。

此时，主楼还没封顶，整个成电就是一个大工地，各种施工的噪声不绝于耳。张兆镗他们借住在784厂的宿舍楼里，整个四年级六十多人都住在那里，一住就是将近半年。1957年夏天，第一届毕业生从成电毕业，张兆镗在这一年毕业并留校，当上了助教。他们教研室有十几个人，后来变动都比较大，比如像刘盛纲院士，当初调出去当高能物理研究所所长，后来又当校长。可是张兆镗从来没挪过窝。他们系很厉害，出了四个校长。张兆镗一直在学校搞教学科研，干到退休。他的老本行就是教授、研究磁控管，微波炉里面那个加热的管子，就是磁控管。

与微波结缘一生

张兆镗于1957年从成电毕业并留校当助教。根据二机部十局的指示，张兆镗不久后到南京电子管厂（772厂）干了一年，按照他的老师列别捷夫带来的图纸，他造出了我国第一根磁控管，装备了我国第一部雷达——火控炮瞄雷达。张兆镗参与了整个过程。地面火炮打飞机需要一个用来瞄准的雷达，这正是第二次世界大战中美军所使用的火控炮瞄雷达。这种雷达必须要有一个发热源，依靠它来发送微波，微波返回，即可判断敌机所在的角度和方位。管子制造出来以后，张兆镗他们去南京市委报喜，当时的市委书记彭冲很高兴，热情地接见了他们。第二天，《南京日报》以套红的大标题《我国第一支磁控管在南京诞生》刊登了这则新闻。现在，磁控管主要用于制造预报天气的雷达。原理很简单，就是用于定位。磁控管的缺点是频带比较窄，一受到干扰就不行了。但是第一只磁控管的诞生具有里程碑意义。1958年张兆镗回到成电，他带回的磁控管被放进了成电的校史博物馆和展览馆。

当年，他的老师列别捷夫要求学生：进图书馆，半天不进厕所；给学生上课，不许带讲稿。半天不进厕所，这一点张兆镗做不到，但给学生上课不带讲稿这点他做到了。他后来讲的十几门课，每门课都不带讲稿。学生们夸他说：你来的时候是两手空空，走的时候也是空的。张兆镗有两节课是关于电路的，电路里面有二十一个元件、十八只晶体管、三只电容、一个电阻，他全部在黑板上画出来。张兆镗有个在美国做互联网公司的学生回成电参加六十周年校庆时对他说："张老师啊，三十多年了，你讲的课我现在都还记得，你往讲台上一站，拿支粉笔出来，在黑板上写的是英语，嘴里讲的全是中文。"

张兆镗的观点是，四年大学，英文必须得打下基础。他对学生说："英文考级，那是一般的考试，包罗万象，其中的专业词汇太少了，所以你们知道的英文专业词汇就太少，如果再不给你们加一加，你们就更不知道专业了。反正，我嘴巴讲的和写的是一个事情。不管你记不记得下来，一堂课下来总有点印象，一个学期下来肯定有收获。"但是，他在课堂上还不敢完全用英文讲课，如果那样的话，大部分学生就"坐飞机"了。

张教授对笔者说，他的苏联老师列别捷夫帮助中国把微波这样一个专业，包括实验室，从无到有建立起来。斗转星移，六十多年的光阴一天一天多么漫长，但他对老师列别捷夫的感激之情依然浓烈。张兆镗教授还说："我们国家这十年在电子科学技术方面的进步出乎任何人的预料。最近有个消息说，预警机上的天线，那个大盘盘不要了。原来我们是没有这个东西的，要去以色列买的。后来我们就自己搞，我们不仅把预警机搞了出来，而且其性能超过了美国。如果飞机上没有这个东西，上天以后，谁来指挥？谁知道哪架飞机是自己人的还是敌人的？这就需要定位。这里面有很多微波器件和微波传输系统，这些东西，我国现在都会出口。"

一百六十万字的皇皇巨著

采访快结束时，笔者请张教授作一个自我评价。

他说："作为一个教师，我主要就是培养学生。一个是讲课，一个是写书。我先后写了九本书，四本教材、一本科技著作、一本手册（与人合著）、三本科普读物；退休以后，我与人合作了三本书，其中《从电子学到光子学》是科普读物。退休以后，我每年写两篇论文，现在总共写了四十八篇。我今年八十二岁了，现在还在写一本书，书名叫《磁控管与微波加热技术》，开本为16开，还在改，有三百多张图片，这本书会是彩色印刷。我写这部书是没有稿费的，要自己掏五万块钱。我写书的动力是活着就要做点事。俗话说活到老，学到老，并且要做点贡献。我有这个兴趣，脑子清晰，眼睛也好，耳朵也好，我不喜欢退休以后钓鱼、打麻将、喝茶。我喜欢成天到晚在电脑上忙碌。

"我活着就想做一点事情，我也谈不上对国家有什么特别重大的贡献，但是在磁控管这个领域我最有发言权。磁控管现在虽然在国防上用得很少，但是在民用上和工业上，非常有用处。我之所以写这部书，就是因为我搞了一辈子的磁控管，我要把我的经验留下来。从理论方面来说，全世界找不到一个人在专攻磁控管，虽然有工厂在生产，但是没有人去研究这里还存在什么问题。我要把我这一辈子对磁控管的认识，从设计、生产、工艺、测试到应用，都写进这部一百五十万至一百六十万字的书里。从另一个层面来讲，这部书写了一辈子，它包含我写过的书、讲义、发表过的文章，还有我发明的专利，统统都在这部书里。这部书我写了两年。我对拼音不熟，不会打字，只能用手写板写，写坏了四块，光PPT就写了八十八个。我不会在电脑上绘图，只好请人帮我画。一个字、一张图，哪怕一条曲线，我都逐一检查。对方画错了，我在电脑上也没办法改，只能把它打印出来，在打印稿上进行修改，然后再快递过去。为了写书方便，我家配了复印机、打印机。画图的师傅是出版社帮我找的，人在山东，跟他联系很不方便。书的封面我都设计好了，用什么图片、用什么曲线、用什么字体。画图师傅给我打电话，我就叫他跟我加微信，音频通话不花钱嘛。现在是他给二十个发明专利，正式审批了十四个，但这些专利现在还没人买。作为专利的发明者，我每年都要交钱，如果不交钱，就自动放弃了，就任随别人用了。但一般人谁买你的？”

“中国太赫兹之父”刘盛纲

神奇的太赫兹

2014年5月8日是一个值得自豪的日子，这一天，中国电子科技集团公司（CETC）第三十八研究所在北京发布了我国首台太赫兹安检仪，预示着我国的安检产业由此将发生质的转变。太赫兹技术被誉为改变未来世界的十大技术之一，以前，中国在太赫兹科学技术这一领域处于真空地带。太赫兹安检核心技术只被少数几个欧美国家掌握，并一直垄断着市场。太赫兹安检仪扫描一下就能完成人体安检，人均耗时约一秒，是传统安检仪效率的五倍以上。尤为奇妙的是，这种安检仪是通过被动接收人体发出的太赫兹波，经高速处理，将人体的二维图像显影。如果人体中有物品隐藏，图像中就会出现与整个身体不一致的阴影，隐藏的物品因此暴露无遗。

太赫兹人体安检仪和传统人体安检手段相比，除了十分高效，还有三个优势也十分突出：

被检测人员绝对安全。太赫兹安检仪是被动探测人体发射的太赫兹，设备不存在任何电离或电磁辐射。

检测结果更可靠。太赫兹安检仪不仅能探测出金属物质，而且在塑料凶器、陶瓷手枪、塑胶炸弹、流体炸药和人体炸弹的检测和识别上更是“明察秋毫”。与耗资较高、作用距离较短、无法识别具体爆炸物的X射线扫描仪相比，太赫兹成像具有独特优势。

此外，据专家介绍，在反恐作战中，借助太赫兹特有的“穿墙术”，可以对“墙后”物体进行三维立体成像，不仅可以探测隐蔽的武器、伪装埋伏的武装人员，还可以显示沙尘或烟雾中的坦克、火炮等装备。

那么，什么是太赫兹呢?

在电磁波谱系里，太赫兹位于毫米波与红外线之间的“真空地带”，其频率约为一万亿赫兹。这个极其特殊的波段被认为即将开启“21世纪又一场科技前沿革命”。

太赫兹波可应用于生命科学、材料科学、天文学、大气与环境监测、通信、反恐、国家安全等多个重要领域，甚至有可能借此解开人体内DNA转化的生命密码。太赫兹无线通信可以承载更大的信息量，解决目前信息传输受制于带宽的问题，是目前所知的满足大数据无线传输速率通信要求的唯一通信手段。国际电信联盟已指定下一代地面无线通信的频段为0.12THz，太赫兹技术将成为6G或7G通信的基础，人类将全面进入太赫兹通信时代。

太赫兹是电磁波谱最后的处女地，具有独特的优越性及重要的应用价值，是新一代产业的科学技术基础。太赫兹科学综合了电子学与光子学的特色，是典型的交叉前沿科学领域，具有重大的科学意义。太赫兹科学技术也将是后摩尔时代信息技术发展的重要支撑。

刘盛纲与太赫兹

那么，刘盛纲为什么被称为中国太赫兹之父呢?

刘盛纲，安徽合肥人，教授，博士生导师，中国科学院院士，曾任成电校长十五年。获得三十余项国家级、省部级科技进步奖，发表论文三百余篇。主要著作有四部：《微波电子学导论》（获电子部优秀教材特等奖及国家教委高等学校优秀教材一等奖）、《相对论电子学》（获全国优秀科技图书一等奖）、《电子回旋脉塞及回旋管的进展》和《刘盛纲学术文集》。他培养了硕士研究生二百八十余名、博士研究生八十余名、外籍博士生两名、博士后若干名。

2013年11月2日，是刘盛纲八十岁生日。这天，电子科技大学举行庆典活动，隆重庆贺他的八十寿辰。时任校长的李言荣代表学校向刘院士致祝寿词说，刘院士是中国培养的第一代杰出物理电子学家，是我国该领域的先驱者和具有国际声誉的带头人，做出了一系列国际公认的原创性及奠基性工作，刘院士虽已是耄耋之年，仍致力于开拓和推动我国太赫兹研究的发展。

▶刘盛纲 成电档案馆供图

《华西都市报》实习记者王

海燕在一篇题为《刘盛纲：两次受邀为诺贝尔奖提名》的新闻稿中，报道了刘盛纲的功绩。

刘盛纲曾三次向国家提出重大科学技术发展建议：第一次是1980年，向国家建议发展自由电子激光研究工作；第二次是1988年，向国家提出发展高功率微波研究工作；最后一次，建议我国大力发展太赫兹领域研究。

虽然人类早在上百年前就发现了这一波段，但由于技术原因，在这一领域的研究却长期处于停滞状态。20世纪末，太赫兹成为物理电子学最后一块未被进军的处女地。从1992年开始，刘盛纲就多次写信给相关部门，希望加大对国内太赫兹研究的支持和投入。

“这一波段有奇特的特性，吸引了我，我很想研究它。”刘盛纲说，1991年，他去德国参加学术会议，第一次接触这一领域时，就被深深迷住了。“也许有一天，这门技术能应用到老百姓的生活中。比如做食品检测，小小的仪器扫一下，几秒钟就能发现食品中是否有毒害物质。”谈到自己从古稀之年开始为之奔走的这一科学技术，刘盛纲充满憧憬。

在向有关部门写信报告的同时，刘盛纲已在电子科技大学率先开设太赫兹研究中心。2001年从电子科技大学校长一职卸任后，他立即投身具体的研究。当时，太赫兹研究中心在学校只是一个科以下级别的单位，他跟学生开玩笑说：“我原本是校长，现在是股长，但我不计较，大家都不计较，我们只搞研究、做工作。”那时，美国、日本等国的相关研究也刚刚起步。

2005年，日本宣布将太赫兹技术列为“国家支柱十大重点战略目标”之首，举全国之力进行研发。受国家委托，2006年，刘盛纲在北京主持召开第二百七十次香山科学会议，标志着中国太赫兹研究战略的启动。

在此后的时间里，年过古稀的刘盛纲始终坚持在实验室第一线，亲自进行公式推导，并撰写论文。2012年，刘盛纲七十九岁时，在世界顶尖物理杂志《物理评论快报》上发表了论文，公开了自己的新发现。

如今，电子科技大学太赫兹研究中心已是四川省的重点实验室。刘盛纲本人更是被国际太赫兹领域的专家称为“国际太赫兹先驱”和“中国太赫兹之父”。至今，他仍奔走在实验室一线和国内外的各种学术会议上。

2010年4月底，刘盛纲等十九位院士联名上书国务院领导，提出了发展我国太赫兹科学技术的若干建议并获批示。

2011年底，科技部启动了“毫米波与太赫兹无线通信技术开发”项目，这是我国太赫兹领域第一个过亿元的“863”计划主题项目，下设五个课题组，汇聚了国内十多所高校和研究所的优势力量。

2012年，国家推动实施“2011”计划。当年6月，电子科技大学联合南京大学、清华大学以及中科院电子所、光电所等国内优势力量，在成都正式成立太赫兹科学协同创新中心，开启了中国高校、研究所、企业协同创新研究太赫兹的新时代。

2013年，太赫兹科学协同创新中心为国家太赫兹科学发展提供战略建议咨询和顶层规划设计。中心开创的“深圳国际先进科学技术会议——太赫兹科学技术”被国际公认为太赫兹领域的顶尖学术会议，极大地提升了我国在太赫兹领域的国际学术地位。

2014年3月底，十五位两院院士及近百位专家学者聚首成都，研讨太赫兹科学技术战略发展。

在太赫兹科学技术这一“真空地带”，我国的科技工作者已经有了一席之地，并将继续努力，争取在这场世界科技竞赛中领跑。

人生第一次学术机遇

刘盛纲于1951年考入浙江大学电机系，因院系调整，他到南京工学院继续学业，毕业后留校任教。之后，刘盛纲来到成电当老师。正是在成电，刘盛纲遇到了改变他人生的第一次学术机遇。1956年春节刚过，刘盛纲接到学校通知，五个月后去北京接待苏联专家列别捷夫。而刘盛纲熟悉的是英语，根本就不懂俄语。

他脱产到俄语教研室学习，靠一本一寸多厚的教材自学，不懂的就向教研室主任请教。学完这本教材在一般情况需要两年时间，幸亏刘盛纲的英语水平还比较过关，有一定的外语基础可以借鉴。他深知记忆单词没有什么诀窍，就是靠死记硬背。俄语最难的是发音，有一个音他老是发不出来，他就含水在嘴里天天练，终于成功突破。

为了帮刘盛纲练口语，学校找了一名俄罗斯姑娘陪他聊天，但这姑娘每次都把他拖出去游山玩水。这样的口语练习方式太耽误时间，只练了两次，刘盛纲就要求换人。学校又找了一位白俄罗斯老太太，她每周陪刘盛纲练一次口语。五个月后，刘盛纲硬是凭自己的刻苦学习攻克了俄语难关，赶到北京迎接列别捷夫。之后的两年，他既是列别捷夫的专职翻译，又是他的研究生。

正是因为跟着列别捷夫，刘盛纲成为中国高等教育部特批的首位副博士，正式展开了自己在等离子体物理学这一领域的研究，使其在国防和科研事业等领域有了广泛的应用。

在成为副博士之前，刘盛纲并没有取得硕士学位。“那段时间，凌晨两三点钟睡觉算早的，硕士、博士论文是一起硬搞出来的。”刘盛纲如是说。

五十年后，向恩师列别捷夫鞠躬

列别捷夫对中国电子学的影响很大，刘盛纲用两年的时间，将列别捷夫的四本著作在中国翻译出版，并成为中国各大学的教材。

列别捷夫曾说，期待刘盛纲能成为未来的中国科学院院士。1980年，刘盛纲果真被评选为中国科学院学部委员（后称中国科学院院士），那时他才四十七岁。那一年，中国科学院第一次民主评选新的学部委员。最先得知这一喜讯的是大儿子刘朝宇，儿子提醒他去看看报纸，他才发现自己榜上有名，并且是增补的最年轻的学部委员之一。

“被选上时我自己不知道，材料、表格谁帮我填的，一概不知道。经过非常严格的甄选后被选上，我很高兴，心里非常欣慰。我从来没想到要有什么其他事情，什么房子、待遇、地位，从来没想到。老朋友见面就握个手表示祝贺，就这样。”刘盛纲人到中年，凭自己的真本事和对国家的贡献被评为中科院院士，确实了不起。

1977年，发展高能物理成为我国科技发展的八大重点项目之一。

1979年，国家划拨八十万元专款给成都电讯工程学院。利用这笔钱，刘盛纲组建了一个高能电子学研究所，这个研究所拥有我国唯一一套微波真空器件先进工艺设备。刘盛纲和同事们一起努力，为中国制造出对于解决21世纪的新能源问题有巨大作用的第一支回旋管。刘盛纲也因此完成了自己学术生涯的第二次转折。刘盛纲搞科研的态度得到了中科院院士周炳坤教授的高度评价："我最欣赏他这一点，他从来不去追热点，而是安安静静做自己的研究，坚持了六十年。"

2006年，电子科技大学举办五十周年校庆，这一天距离列别捷夫前来援华已经过去了整整五十年。此时的列别捷夫已经八十三岁。七十三岁的刘盛纲将恩师接到家中，抚今追昔，两位白发老人感慨万千。刘盛纲向恩师汇报自己几十年的研究成果，感谢老人家当年的栽培之恩。他还率领前来参加校庆的老、中、青三代学生，恭恭敬敬地向列别捷夫鞠了一躬。此情此景，令旁观者热泪盈眶。

在岁月流金中逐梦银杏

成电沙河校区有一片美丽的银杏林，其位置在教学主楼的东侧、西侧和背后。这片银杏林有四百多棵，种植于1979年，至今已有四十年树龄。当年，每棵银杏树苗价值十五元，这在一个二级工

▲ 电子科技大学沙河校区银杏林秋景 常德摄

一个月的工资才三十多块、学校经费吃紧、一分钱可以掰成两半花的年代，实属价格不菲。当初这片其貌不扬的银杏林，如今长成了枝繁叶茂的参天大树，每棵树的树干需要一两个人才能合抱，是网络上公认的九大银杏观赏地之一，令成电的莘莘学子毕业多年后仍然魂牵梦绕。

每年初冬，银杏树叶由碧绿渐次变成草绿、嫩黄，最后变成金灿灿的黄色，在微风中潇洒地飘落大地。银杏林变黄的日子，是诗情画意的日子，是梦幻的日子。尤其是在冬日里的晴天，一株株高大的银杏树披挂着满树闪闪烁烁的金黄，间或有黄叶从树上轻轻飘下，落在地上。金黄的银杏林洋溢着成电昨天的辉煌和厚重，也见证了成电的沧桑历史。

每逢银杏林闪烁金黄的日子，便是成都市民们的节日。大家或步行，或骑车，或乘车，或驾车，扶老携幼，乘兴而来。在银杏林里拍照、观光，来银杏林里寻找旧梦。层层叠叠闪烁着金黄色彩的银杏林，是拍摄婚纱照的绝妙地方，即将步入婚姻殿堂的俊男美女，在这样美丽的景色中，对摄影师提出的要求特别配合，拍出的画面也格外甜蜜。

市民们每年乐此不疲来观光的举动，终于感动了成电的莘莘学子。他们的脑海中电光石火倏地一闪，陡地产生了灵感：何不利用银杏这一独特的资源，举办一个名叫银杏节的校园文化节呢？至于文化节的宗旨，自然是繁荣校园文化生活，提升校园文化品位，激发广大同学爱国爱校的真挚感情，彰显成电学子的综合素养与青春活力，展现学校深厚的学术氛围和文化底蕴。于是，成电第一届银杏节应运而生。这是2012年11月中旬的事情，主题为“绚烂金秋，魅力成电”的银杏节举办了三周，于12月上旬落下帷幕。首届银杏节大获成功，不仅达到了预期的目的，而且还受到了广大毕业校友的关注，众多校友不远万里回到母校，抒发对母校的怀念之情。

从此，成电的银杏节年年举办，一年比一年办得好。主办者、策划者求新求变，每年都有新的思考、新的追求灌注于活动方案中。当银杏节办到第四届的时候，就比较驾轻就熟了。我们不妨来看看第四届银杏节，其主题是“金色记忆”，共分为六大板块。

其一，主题摄影展。包含三个部分：流金岁月——“沙河校区+银杏”主题照片征集及展示，“醉美银杏”主题摄影大赛，多样主题摄影大赛。

其二，科创主题活动。包含三个部分：成华区大学生创新创业孵化园项目介绍发布会，飞思卡尔“驶向智能未来”大篷车巡展，本校学子制造的机器人展示。

其三，人文主题活动。包含七个部分：“秋之魅”电子科大2015原创微电影首映式，“彩绘校园”——沙河校区涂鸦活动，成电高校音乐节，银杏节游园活动，“醉美成电”——银杏创意设计大赛，趣味运动会——筑梦银杏下、趣味你我他，生活帮帮乐之妙手回春。

其四，“书海无涯”主题活动。

其五，“锦绣年华静待花开”——第十一届“继教之光”暨电子科技大学第四届银杏节大型文艺汇演。

其六，展示各学院风貌的系列活动。

由此可见，银杏节变得有多么丰富多彩了。从第四届起，银杏节还加上了一个前缀：“金色记忆”。如今，电子科大“金色记忆”银杏节已经是一个叫得响的文化品牌。银杏节的影响将伴随着电子科大渐行渐远，在每年初冬的时候流淌金色的记忆。对于成电学子来说，人虽然已经离开，那片如诗如画的银杏林却在心里永远挥之不去。正如李思琳的《银杏树下》所唱的：

我们的回忆好像银杏叶一样
随风慢慢飘下却点缀在路上

沙河畔的强国梦

建设路的标准配置，是有两排枝繁叶茂的梧桐树作为行道树。树后，隔着一条十来米宽的人行道和一条排水沟，就是工厂宿舍区楼房外墙下的那排夹竹桃。梧桐树曾经郁郁葱葱，遮天蔽日，让人在夏日里备感清凉。在“东调”十来年之后的今天，建设路变得时髦靓丽，那茂盛的夹竹桃早已不见了踪影，马路两边是镶嵌着大理石的宽阔的人行道。梧桐树依然存在，但为了亮出路两边栉比鳞次的商铺，枝叶却被修剪得很稀疏，让怀旧的老东郊感慨不已。

2017年初夏，笔者于晚饭后在建设路的人行道上漫步，在嘈杂的市声中，在渐次亮起的霓虹灯的彩色光影里，建设路厚重的历史，建设路的光荣与梦想，建设路为共和国的崛起而付出的一切努力，一一在脑海里闪回。笔者分明看到了东郊之变最初的日子——1953年。

1953，秘密军工基地的选址内幕

生活在府河以东高坝田上的湖广人后裔做梦都没有想到，他们祖祖辈辈赖以生存的农耕家园，一夜之间会变成国家的秘密军工基地。他们居住的家园变成了名扬四海的成都东郊，变成了象征意义十足的建设路。

这种改变首先是从圣灯寺开始的。圣灯寺坐落在沙河畔成都东山余脉的浅坡上，无形之中成了成都东郊的地标，被称为建设路的原点。如果说，成都东郊是现代工业文明的处女地的话，它的开垦则是从兴建四个国防军工大厂开始的。这四个厂都是电子工业厂，选址都在圣灯寺周边地带，其中715厂索性就建在圣灯寺旁边。

这种变化是悄悄开始的。

1953年7月的一天，一架苏式安-2型小型运输机从北京南苑机场起飞。这种军绿色的轻型单发动机双翼运输机，最多只能载运一吨半货物或十多名乘客。乘客的座位也并非空乘椅，而是像空降兵那样背靠机身面对面坐着的长条凳。这天这架飞机上有七名乘客。

这七名乘客来自国家第二机械工业部十局（即军工局，后改称四机部，即电子工业部的前身），负有特殊的使命。

这年，苏联援助中国的141项重点工程，经过双方谈判，增加到了156项。这追加的十五项多数都是电子工业项目。作为当时国家电子工业主管部门的二机部，经过慎重考虑，决定把成都作为全国重点建设的三个电子工业基地之一，并在成都筹建四个新厂，这四个新厂都属于苏联援建的156项重点工程。十局紧急组建了成都基地的筹备小组，总共七个人，除了组长张正文不到四十岁外，其余六个人都是刚从大学毕业的二十来岁的年轻人。

在召见筹备组时，时任十局局长的蒋崇璟神情庄重地说：“这个项目非常重要，部里决定，派你们七个人去四川成都帮助筹建。”蒋局长还强调，根据苏联方面的要求，筹备组必须在1953年11月备齐工厂选址的所有文件资料，不得延误。任务很艰巨，但也很光荣。

在四个月之内，不仅必须备齐工厂选址的文件资料，而且还必须准确地翻译成俄文。这对于六个二十来岁的年轻人和一个不到四十岁的组长来说，担子真是够重的。

筹备组的七个人深感责任重大，恨不能早一天赶到成都。当时的交通很不方便，宝成铁路还未通车，如果从北京乘火车到宝鸡，再改乘汽车到成都的话，至少要十天时间。如果乘飞机到武汉，再从武汉转乘轮船溯流而上到重庆，这一段路要耗时七天，之后坐火车从重庆到成都，这一段路要十五个小时。时间紧迫，部里就给他们买了飞重庆的机票，机型就是安-2，但安-2的最大时速只有二百五十六公里，而且中途还必须降落在郑州机场加油。

七个人一听说是乘飞机，为他们抢到了好几天的宝贵时间，兴奋极了。不久，他们就尝到了这种飞机的苦头。安-2的飞行高度只有三千多米，它不断地穿越云层，上下颠簸，七个乘客都被弄吐了。飞机一早就从北京起飞，到重庆时天都黑了。一行七人在十局管的重庆716厂住了一宿。第二天一大早上了火车，当晚就赶到了成都。

筹备组做的工作牵涉国家机密，工厂地址绝不能告诉外人，通信地址只能写某某信箱。筹备组一到成都，就注册了工厂的邮政信箱“82”，七个人跟家里通信就是使用的这个信箱。因为当时715厂最大，人数最多，后来筹备组的多数人也到715厂去了，索性就把八二信箱给了715厂。

筹备组根据苏联方面的要求，首先要为四个工厂选址。需要考虑的因素牵涉方方面面：未来工厂的物资原料的供应情况、运输情况，当地全年的气象情况，有多少个晴天、多少个阴天，风量有多大，是东南风还是西北风；还有地质情况、交通情况等。苏联方面并不了解成都这边的情况，就提出书面要求，要尽可能详细的情况。筹备组按苏联的要求，跑了很多路，搜集了很多资料。好多个相关部门，他们都是一家家去跑的。

首先是选厂址，有了厂址才能开展接下来的工作。当时从上到下都非常支持配合，要哪块地就给哪块。成都市有关部门提供了东郊、南郊、西郊三个不同的方向供筹备组选择。他们最后选中了东郊沙河两岸。理由是：其一，东郊地势比较高，不会受到洪水的影响；其二，成都爱刮东北风，每年刮东北风的时间占70%以上；其三，选中的四个厂址都在横跨沙河的踏水桥以东，大部分都是浅坡状的林地，建厂的初衷是尽量少占出产稻谷的良田，再者，浅坡地比起水田，肯定更适合修建厂房。筹备组还在四个初选的厂址上钻了四口地质勘探井，摸清了水文地质情况。这片沉睡已久的土地，破天荒地响起了马达的轰鸣声。

当时的考虑，是把工厂建在沙河以东的浅坡上，把宿舍区建在沙河以西。之所以这样考虑，是想发挥沙河对于小气候的调节作用，并非利用沙河来取水或排污。按照当时成都市有关部门的说法，将来要建污水处理厂，沙河只能用来泄洪、排雨水，工厂产生的废水应通过专门的排污管进入污水处理厂。苏联方面按我方要求，将四个厂的雨水管和污水管分开设计，污水都进入了城市的污水管道。

筹备组的办公室最初临时设在总府街招待所，后来搬到蜀华街一家饭店的客房里。四个厂分设了筹备组后，715厂和719厂就搬了出来。到了第三年，就分成了三个筹备组：715厂筹备组、719厂筹备组、784厂筹备组。筹备组最初的七个人，有四个留在了715厂。788厂因为技术落后，已经停办，就未设筹备组。最初筹建的属苏联援建的141项工程之一的788厂，主要产品是雷达配套的军用高照度探照灯，探照高度计划斜射一万米，直射九千米；而那时美国军用飞机的飞行高度早已超越了两万米，并且是照射光难以发现的黑色飞机。如此探照高度，不仅捕捉不到可能入侵的敌机，反而会暴露自己，故788厂被迫“下马”。之后，788厂的原筹建班子在788厂的原址上建起了773厂。

筹备组把所有资料按要求整理好，并翻译成俄文，通过北京二机部十局邮寄到苏联。但苏联方面并不放心，又专门组织了一个搞设计的团飞到成都，到现场考察、核对。

筹备组还曾突击学了二十几天的俄语，掌握了一百个生词，再查查字典，也就能勉强应对一下苏联的初步设计、技术计划之类的资料。筹备组能看懂俄文，但口语不行，只能进行简单的对话。这边形成的材料，由专门的翻译译成俄文后，再由筹备组进行技术校对。

1955年3月，几位苏联专家到东郊来实地踏勘考察，就各个工厂设计方面所需要的资料进行核对，包括工厂选点的地质结构、地震断裂带等问题；1956年又来了十几个人。到了1957年开工前夕，又来了几十个管生产的专家。

苏联在1954年底送来初步设计，当年成都还派人到苏联去接受培训。到了1955年，苏联的技术设计就到了。1956年，设备陆续运到了。工厂的厂房在1955年开始奠基，到1956年上半年，厂房基本上建完。1957年上半年，设备陆续运到工厂。1957年底，部分生产车间开工。苏联当时给成都的是成套设备，包括开工生产前三个月所需的原材料也发过来了。

建设路与苏联专家

▲ 锦江电机厂在建设中　成华区政协供图

当年的成都东郊不仅是电子工业基地，更是国防工业的军工基地。除了最初布点的715厂（82信箱、宏明无线电器材厂）、784厂（107信箱、锦江电机厂）、719厂（69信箱、新兴仪器厂）、773厂（106信箱、红光电子管厂）等四个国营大厂外，还有776厂（6号信箱、国光电子管厂）、906厂（68信箱、成都电机厂）、766厂（40

信箱、前锋无线电仪器厂）、成都量具刃具厂、成都热电厂等五个国营大厂，以及苏联援建的420厂（新都机械厂）、708厂（109信箱、南光机器厂）、208厂（35信箱、西南光学玻璃厂）、成都肉联厂。由于成都东郊有这十三家苏联援建的大型国有工厂，这就注定了苏联专家必然会在沙河两岸来来往往。

田野上的白人身影

1955年3月，府河猛追湾东岸的田野上第一次出现了几名白人高大的身影，他们就是苏联派到成都来的专家，就几个工厂的选点进行实地考察踏勘。他们乘摆渡船，从猛追湾上岸，朝着沙河另一边的圣灯寺走去。彼时的高坝田没有一条大路可走，他们只能沿着田间小道，时而走田埂，时而过菜地，时而从林盘院落的背后绕过，最后再从架在沙河上的石拱桥——踏水桥上走过。

这正是一年中最美的季节，满坝菜花金黄，蜂飞蝶舞，空气中花香弥漫。

一过石拱桥，他们就看到了远处古老的圣灯寺。放眼望去，眼前是东山余脉的浅坡地带，除了郁郁葱葱的山林，便是一片一片开着油菜花的旱地，还有偶尔可见的闪光的水塘。按照筹备组的选址方案，这四个大厂的厂址，分别被安排在圣灯寺的南北两侧。一路上，他们走走停停，时而与同伴交换意见，时而向中方陪同人员询问着什么，还拿出中方提供的地形图纸进行现场核对。踏勘结果，他们对中方的选址表示满意。他们那股认真负责、不辞辛劳的劲头，确实体现了

“苏联老大哥”的风范，令陪同的中方人员十分感动。

从这一天起，苏联专家的脚步时常出现在成都东郊这片热土。后来，府河上架起了一号桥（今红星桥）、二号桥（今新华桥），猛追湾至圣灯寺修起了一条名叫猛圣路（今建设路）的简易公路，一环路东一段也修过来与猛圣路接口。苏联专家往来于建设路渐渐变得方便起来。

苏联专家的援助方式

依照工程本身的进度，苏联派到东郊来的专家，前期负责建筑设计，后期负责施工、调试设备以及进行试生产和管理生产。

▲ 1958年，苏联专家援建锦江电机厂，与中方专家合影　成华区政协供图

苏联派到成都来的专家，是对口援助的，根据各厂在某一阶段的实际需要，有时人数会少一点，有时会多一点。以715厂为例，前后到厂里来的专家有五十来个，有的还来过两次。也有女专家，但不多，比如784厂在无线电陶瓷的配置上遇到了问题，就请了一位女专家来，她是苏联那边工厂的实验室主任，对此很有研究。另外还有两个女专家，一个是搞精密机械的，一个是搞管理的。苏联专家在715厂长的待了一年多，一般只待几个月。

他们是一批批来的，有时是几个，有时是十多个，甚至几十个。比如负责设备安装的，三五个月完成任务以后就回去了。试生产时又来一批，完成任务又回去了。像715厂生产的产品，在苏联得由三个不同的厂才能生产出来，但在东郊组合成了一个厂。于是，苏联这三个厂都要派技术人员来调试设备，进行试生产。715厂在1957年4月开始调试，这年4、5月来的，是管调试的；7、8月来的，是管生产的。正式开工生产时，苏联专家来得最多，有二十多个。

苏联专家大体上由五方面的人员组成。在建厂阶段，来的都是负责建筑设计和负责施工、安装的专家；到了开工阶段，来的就是管理人员（相当于中国管生产调度、生产计划一类的人员，这些管理人员是苏联厂里的领导）、工程师、助理工程师一类的技术人员，以及指挥现场生产线的工长。从年龄上看，管理人员和工程师一般有四五十岁，工长一般都是三十多岁，也有二十多岁的年轻人。每天，由各个厂派车去招待所把各自的专家接来，下班又把他们送回去。苏联专家组的组长是由小卧车接送的，比如部里专门给715厂的书记和厂长配的奔驰轿车，就是专门接送专家组组长的。其他的专家就坐面包车。他们不像成都这边的员工在早上8点上班，而是等这边上班后，厂里再开车去接他们，来的时候差不多快9点了。中午，他们就在每个工厂食堂招待客人的地方用餐，他们喜欢吃中餐，爱吃面条，爱尝不同的味道。

苏联专家的责任心很强，要求很高，有些性格较急躁，你没有完成任务，他会追问你为什么，有点儿恨铁不成钢的味道。在当时的中国搞大工业化的生产，肯定会碰到各式各样难以预料的问题，苏联专家就感到难以理解，会连珠炮般地发问。当然不是所有专家都这样。总的来讲，双方配合得还是不错的。有的专家特别友好，回苏联后，一直跟东郊这边的工厂保持联系，走之前还把工作笔记本悄悄留给跟他要好的人。苏联工程师、技术人员是诚心诚意帮助我们建设的。

苏联专家跟我们友好，但没法平等。也许在他们心中，因为你是学生，他是老师，再加上他们搞建设搞了几十年，有时难免会自我感觉高人一等。东郊工厂技术人员内心的想法是，不能老是依赖苏联专家，要使原料尽快国产化。但苏联专家会说，你生产的这个产品不行，没有经过我们的论证。他们的责任心很强，怕产品出问题。军工产品质量第一，他审查不严，出了问题的话，他要承担责任。715厂当时在理化实验室任主任的张仁任就一直坚持用国产材料做试验，还把几个数据给负责理化实验室的苏联专家看，最终还是得到了认可。

当然也有和我们关系好的苏联专家，比如784厂设计室全是江浙人，都是大学毕业生，会说俄语。他们跟苏联专家的接触很密切，关系很好，相处和谐，经常在一起吃饭、开联谊会，苏联专家也经常请他们吃饭。苏联人喜欢吃生的、冷的菜，酒量很大，这些二十出头的年轻人，经常被灌醉。援助这个设计室的苏联专家在工作上比较敬业，手把手地教这些中国年轻人。苏联专家决定撤走的时候，我方并不知道，其中有位专家跟这些年轻人的关系特别好，有一天，这位专家叫大家加班，当天一定要把某一批图纸复制好。当时没有复印机，只能用感光纸晒图的方式。大家连夜硬是把图纸全部晒完了，但是这些年轻人不免感到奇怪：何必要这么赶时间？等到第二天才恍然大悟，因为苏联专家在这天撤走了。

民间流传的苏联专家逸事

苏联专家当时住在猛追湾二号桥以西一公里多的玉沙路，那里有一栋西南局的办公大楼，在它的对面专门修了一个接待苏联专家的招待所。招待所未挂吊牌，有部队站岗守卫。苏联专家来帮助我们建设，在交通、工作、食宿等各个方面都会为他们提供最好的服务。四川的旅游景点，像都江堰、青城山、杜甫草堂等这些地方，苏联专家们每逢礼拜天就会去。每天，西南局交际处都要开出几辆公共汽车接送普通苏联专家上下班，级别高的专家组长，如前文所说，是坐各厂的小轿车。部分专家组组长是带了夫人的，也有夫妇俩的专业适合，一起来到东郊的。

苏联冬天的天气冷，成都的气候适宜，好多在苏联生不出小孩的专家夫妇，到了成都以后都生出娃娃了，他们简直高兴坏了。比如784厂的专家组长叫达克玛查，他是火车司机出身，之后成长为雷达专业厂的总工艺师，他是带着夫人一块儿来成都的。达克玛查夫妇在苏联一直不能生育，他夫人却在成都生了两个孩子，这可把他给乐坏了。达克玛查说他在中国的最大收获，就是上天给他送来了两个小宝贝，还说，他的同事们得出的结论是，他之所以这么幸运，是因为吃了四川的生姜，姜是暖身子的。当时，成都皇城坝有个城楼，每年国庆节都要在此举行庆祝集会，达克玛查每年都被邀请上城楼的观礼台。

苏联专家都很讲究穿着，打扮得很漂亮。尤其是女专家，她们冬天都兴穿红红绿绿的裙子，穿尖溜溜的高跟皮鞋，还兴化妆，嘴巴抹得通红。

每周星期六、星期天晚上，招待所的舞厅里都要举办舞会。舞厅里牵了五颜六色的纸花，挂着彩灯，布置得简洁漂亮。喇叭里放的是很好听的苏联音乐，让舞会很有情调。舞伴都来自相关的工厂，有的是刚进厂不久的学生，有的是某专家所指导岗位的女同志。几家工厂对专家都很热情友好，在他们的办公室里准备了好些酒呀、水果呀等吃喝的东西，专家们可以随时取用。

中国电子束管之父吴祖垲

吴祖垲其人

1972年，四机部（电子部）申请从国外引进一条彩色电视机生产线，并将这一光荣的任务交给了成都东郊的红光电子管厂（773厂），由此可见红光厂当时在全国举足轻重的地位。由四机部和红光厂的相关人员组成了一支十二人的考察团赴日本考察，把日本的电视机厂家东芝、索尼、松下、日立、夏普、三菱都看了个遍。

考察团的副团长是红光厂当时的总工程师吴祖垲，他是誉满海内

▶ 1959年，吴祖垲与苏联专家在一起
成华区政协供图

外的我国电真空器件的四大权威之一，被誉为中国电子束管之父。考察团在日本惊讶地发现：要想生产彩电，首先必须得生产彩色显像管。彩色显像管最关键的组成部件是精度很高的彩管玻壳，彩管玻壳由高温熔融玻璃液一次压制成型，冷却之后还要收缩，技术难度很大。除了彩管玻壳生产线之外，还要有荫罩、荧光粉、石墨乳以及总装等几条生产线。即便在当时的日本，也需要四家工厂协作，才能造出彩色显像管。

吴祖垲是中国工程院院士，真空电子技术专家，中国日光灯、电子束管产业的奠基者和开拓者。1949年4月至1958年10月任南京电照厂（今741厂）厂长、总工程师。1958年10月至1978年8月任成都红光电子管厂（773厂）第一副厂长兼总工程师。1978年8月至1986年6月任陕西彩色显像管总厂（4400厂）第一副厂长兼总工程师。

吴祖垲是第三、五、六届全国人大代表，第二届全国政协特邀委员，中国电子学会第一至第三届理事（1962—1988），中国真空学会第一、二届常务理事。曾被聘为陕西省人民政府特约技术顾问、专家顾问委员会副主任（1986—1993），深圳赛格-日立彩显器材公司高级技术顾问。1995年5月23日，国际信息显示学会授予他“国际公认奖”，中国工程院于1996年6月7日授予他首届中国工程科技奖。

跨海求学

1914年3月，浙江嘉兴一个家道中落的书香门第喜得贵子，这孩子就是吴祖垲。1937年，中日战争爆发，刚从上海交大毕业、原准备报考清华庚子赔款留美名额的吴祖垲，只好进了位于南京的中央电工器材厂。该厂所属的二分厂是中国第一个电子管工厂，他先进去实习。该厂于1938年迁到广西桂林，生产收信管和灯泡。

1936年，一种叫作日光灯的新型光源在美国问世，其亮度是普通白炽灯泡的四至五倍。但吴祖垲得知这一消息是在1940年。他不甘中国落后，先后试制了不同配方的荧光粉，将荧光粉涂在866管的玻壳内壁上，会发出不同颜色的荧光。同年，他被调到重庆黄葛垭分厂担任厂长，这时他已升职成为相当于现在的高级工程师的副工程师了。他一走马上任，就在分厂开辟了两个小实验室，一个试制荧光粉，一个试制荧光灯。中央电工厂设法从昆明的中央研究院取得了在当时甚为稀缺的三十克硝酸铍。不久，他就试制出了显示日光色的荧光粉，中国第一只日光色荧光灯的雏形也因此诞生，但荧光灯的发光效率和寿命还有问题。吴祖垲在1944年中国工程师重庆年会上做了演示，还发表了一篇名为《荧光粉发光的机理》的论文，获得了推荐论文奖。

1944年，吴祖垲决定到美国深造。他去美国是为学习日光灯制造技术，可是美国的电光源工厂认为电光源是该工厂的“黄油和面包”，出于保密，谢绝一切参观和实习。于是吴祖垲来了个“曲线救国”，于1945年考进密歇根大学，攻读电子工程专业，并于次年夏天获得电机硕士学位。一毕业，他就打算去美国沙而文通用电气公司求职，一心想要从事日光灯的研究和生产，岂料被拒之门外。他转而到设在宾州的美国无线电公司兰城工厂求职。该厂是当时一流的现代化工厂，主要生产微波管、大功率管、雷达指示管、微光摄像管、红外线幻象管等。他被厂方委以产品开发试验部的阴极射线管（CRT）实验室工程师之职，从事投影式显像管的开发工作。该厂不断地改进产品质量，让吴祖垲体会到技术进步的重要性。工作两年积累的经验和知识以及收集的资料，对他往后的技术人生至关重要。吴祖垲不仅对日光灯有研究，而且有了试制显像管、摄像管等电子束管的能力。

中国日光灯之父

1948年春，吴祖垲放弃了定居美国的机遇。他极其坦然地说："抗战八年，留美三年，我离开上海已经十一年了，我想念家，想念抗战胜利的祖国。在国外，物质生活当然要好一些，但这是有限的。一个人在国外，精神生活太枯燥了，精神上的损失那是无限的。而且我归国后还能为国家和人民做一点有益的工作，这才是最重要的。"

回国后，吴祖垲被任命为南京电照厂的总工程师兼副厂长，肩负起发展特种光源、日光灯、光电信管和电子束管的重任。

南京电照厂当时仅仅是一个生产白炽灯的小工厂。吴祖垲在一机部和华东工业部的支持下，决定工厂转向，开发特种电光源。电影放映灯泡等试制成功的特种光源非常适销对路，为日光灯的试制积累了资金。他们首先试制成功发黄色光的荧光粉，然后掺以发蓝色的钨酸镁，日光色的荧光粉终于成功合成。手工拉制的玻管，就连涂管、封口、排气等工艺环节也是采用的土设备，却解决了产品的流明衰退、两端发黑等质量问题。中国首只日光灯终于成功问世。此后，在他主持和亲自参与下，日光灯的制造技术和设备不断革新，日光灯的质量和产量也不断提高。1957年，吴祖垲出版了《荧光灯制造基础》，该书成为中国各日光灯制造厂常备的技术手册。现在中国日光灯的年产量已达2.5亿只以上。吴祖垲对此做出的贡献不可磨灭。

1957年，吴祖垲以访问学者的身份到苏联相关研究所和工厂进行学习交流，发现莫斯科地铁站的日光灯两端全都发黑，就向相关苏联专家指出：这不是荧光粉有问题，而是排氧和不成熟的工序造成的。并且将相关工艺技术详细传授给他们。1957年10月，苏联第一个人造卫星上天，但他们在日光灯两端发黑这个问题上，技术比美国至少落后了二十年，比中国落后了五年。1958年春，莫斯科灯泡厂派了一个代表团到南京741厂考察日光灯制造技术，包括设计、工艺、材料规格等。

与此同时，吴祖垲又在紧锣密鼓地试制黑白显像管。原因是当时的北京电视台（今中央电视台）拟在1958年开播电视节目，必须在1958年5月1日前试制出黑白电视机的天津712厂急需黑白显像管的配套供应。当时向苏联订购的设备未能及时运到，吴祖垲以其非凡的技术功力和领导才能，顺利解决了作为关键环节的黑白管的玻壳、屏锥封接和涂屏工艺，试制出中国第一只35cm的黑白显像管。

1958年10月，吴祖垲奉命调离741厂，离开南京，前往成都，任红光电子管厂的第一副厂长兼总工程师。此时，741厂蒸蒸日上，形成了日光灯、光电倍增管、电子束管和特种光源等四大类（近二百个品种）的拳头产品。

在红光电子管厂大显身手

红光电子管厂（下称773厂）是苏联援建的156项重点工程之一，是全国数一数二的电子束管专业工厂。吴祖垲走马上任，瞄准国际上的发展趋势，亲自组建了颇具特色的773厂产品设计所。全所共设置十个室：综合室、摄像管室、视像管室、储存管室、特种电子束管室、电子光学研发室、零件加工室、荧光粉室、应用实验室、电器和机械加工室。在全所同志的不懈努力和奋力拼搏下，773厂先后试制成功彩色显像管、视像管、摄像管、储存管。

1960年，苏联专家带走了相关的机器和产品图纸，773厂一度陷

▶红光电子管厂国内第一条彩色显像管玻壳生产线　成华区政协供图

入停顿状态。吴祖垲沉着应对，建议改变产品结构，将黑白显像管的年产量由五十万只减少到十万只，同时开发储存管和准备试制彩色显像管。在全厂职工的努力下，到了1963年，773厂已能生产四个大类十个品种的电子束管。到1978年吴祖垲调离773厂时，该厂已能生产示波管、雷达指示管、黑白显像管、摄像管及彩色显示管五大类产品，更拥有了一支实力雄厚、思想新锐的技术队伍。

吴祖垲在773厂任职二十年间，在他主持和参与下，解决了一些技术上的关键问题。比如，苏联设计的35cm黑白显像管，在工作一段时间后屏幕中央会出现离子斑。吴祖垲1973年赴美考察时受到启发并获得了有机膜的组分信息。回国后，他组织攻关，最后彻底消除了离子斑，还提高了管子的亮度和对比度。这个技改方案被推广到全

▶旧时红光电子管厂大门夜景　成华区政协供图

国，对黑白显像管质量的提高起到决定性的作用。773厂因而荣获四机部颁发的新产品三等奖。

1966年，773厂组成试制彩色显像管突击队，经过努力，攻关成功，中国第一只二十一英寸彩色显像管宣告诞生，被誉为电子工业的原子弹。

1975年，长沙工学院试制“银河一号”电子计算机，需要43cm的电压穿透式多色显示管。四机部把这个光荣任务交给了773厂。吴祖垲亲自抓玻壳、葱皮式荧光粉和涂屏工艺这几项重点工艺的开发，样品深受赞誉。1980年，这个成果被国防科工委授予二等奖。

直视式高亮度储存管是一种机载雷达显示管。1965年秋，四机部成都十所要求773厂试制为歼-7雷达配套的这种储存管，并希望能在三年内取得样管。773厂不到三个月就交出了样管，极大地促进了十所对这种新型雷达的研制工作。因为吴祖垲的远见卓识，773厂早就具备了制造这种储存管的能力。

摄像管（即超正析像管）很复杂，由幻像管、储存管、电子束管和光电倍增器四个管子组成，被誉为电真空的“氢弹”。20世纪40年代，吴祖垲在美国无线电公司工作时，该公司生产的超正析像管的成品率仅为3%，而每管的价格却相当于一辆福特汽车。要在773厂试制这种管子，先得解决一系列的原材料问题和工艺问题。在吴祖垲的指导下，经过四五年的时间试制成功，但有一个缺点是光电面有几个斑点，这个问题是能在大批量生产时在洁净厂房内解决的，但由于种种原因，这个产品无疾而终了。

由于773厂有完整的试制开发机构，在接到新任务时，试制速度很快。1976年，“银河一号”电子计算机的显示器需要电压穿透式多色显示管配套，该显示管在不同的阻极工作电压下能显示红、橙、黄、绿四种颜色的文字和图像。773厂迅速试制成功。在我国发射第一颗洲际导弹时，远洋军舰上的跟踪雷达就用的是这种国产管子。

陕西彩管厂的建成震动了国际同行

1977年，国家决定在陕西咸阳组建陕西彩色显像管厂（4400厂），这是全国第一个彩管厂。8月，电子工业部再一次赋予时年六十三岁的吴祖垲重任，他受命调离773厂，改任4400厂第一副厂长兼总工程师。吴祖垲在他职业生涯的最后七年打出了一个漂亮的惊叹号。

建设4400彩管厂是国家重点投资的大项目，当时的总投资额为7.5亿元人民币（含外汇1.55亿美元），占地120万平方米。整个工程建设任务十分繁重，新技术项目甚多，包括彩色管厂、彩管玻壳厂、荧光粉厂、荫罩厂，还有金属零件冲压厂、偏转线圈厂和大型动力厂。吴祖垲首先组建了一支试制彩色管有经验的工程师队伍，他们都来自他曾经领导过的两个老厂——成都773厂和南京741厂。彼此知根知底，因此从技术介绍、技术考察到合同谈判，都能顺利进行，避免了捉迷藏式的合同谈判，提出的问题能击中要害，回答也能对答如流。大家尊重科学，在相互信任的基础上建立了真诚的友谊，仅用几个月时间，四个合同全部顺利签订。在吴祖垲的领导下，他的团队不仅和美、日各大公司进行合同谈判和签约，而且从基建到生产准备再到大量生产，都能主动出击，顺利完成任务。

在合同谈判中，吴祖垲不仅要求有可靠的“硬件”，而且必须有完整的技术资料“软件”。因为他深知，如果没有相应的软件，引进的机器设备就等于废铜烂铁。参照国外模式，4400厂建立起了完整的产品开发基地，有重点地抓了荧光粉和玻璃原材料的国产化工作，到1981年彩色管玻壳厂投产时，就全部用上了国产的原材料，按当时产量，每年节约外汇五百五十万美元，同时又降低了成本，并且当时每支21英寸彩管的用汇量只相当于一般彩管厂的四分之一。像4400厂这样的大工厂，国外专家认为按例应该由一个国外大公司来承包，否则有失败的可能。而这个由4400厂自包自建的工程，却在1982年冬经国家验收投产。

这一消息经日本广播公司（NHK）的三次播发，引起了全世界同行的关注。因为前有美国无线电公司在波兰建厂，日立公司在芬兰建厂，但均告失败的事实。美国无线电公司特派专家到日本东京探访咸阳彩管厂成功的秘密。原4400厂的专家组长横井昭夫说：“因为合作方有一位内行。”

2014年1月16日23时50分，吴祖垲在陕西咸阳逝世，享年一百岁。

因吴老曾担任773厂第一任副厂长兼总工程师二十年之久，噩耗传来，773厂的干部和职工不由自主地回忆起了跟吴老相处的点点滴滴，纷纷向陕西咸阳发出唁电、唁函，表达自己对吴老逝世的沉痛哀悼。

神秘神圣的建设路

建设路是成都东郊的缩影和代名词，说成都东郊也就等于在说建设路。

说建设路神秘神圣，绝非是夸大之词。在过去的年代，通向成都东郊的三座桥的桥头有一道共同的风景，它让人肃然起敬。

像界碑一样森严的水泥牌

从前，成都人把猛追湾以东叫作成都东山，从1953年起，这里变成了现代化的工业区，人们也就约定俗成地把它叫作成都东郊了。但成都东郊不仅是个地理概念，更是一个军事工业区的代名词。在当

▶旧时神秘的东郊警示牌
成华区政协供图

年的国际国内大环境下，保密是极其要紧的。滚滚流淌的府河水于是成了东郊最好的隔离带——一道水做的围墙。要到成都东郊，就必须要通过建在府河上的两座钢骨水泥的大桥：南北走向的一号桥（今新华桥）和东西走向的二号桥（今红星桥，后来在二号桥以南还建了东风大桥）。三座桥的桥头，分别立着一块长方形的水泥牌子，上面用中、俄、英三国文字写着同样的内容："外国人未经许可不准超越"。这块被两根方形水泥柱子支撑的牌子，白底黑字，其貌不扬，朴素至极，它用黑油漆喷上去的字迹甚至显得有点僵硬难看，但是，它就像国境线上的界碑一样森严。除了当年的苏联专家，外国人一概被挡在了府河西岸，因为他们一旦过桥，就等于踏上了东郊这片特区，而这片既神圣又神秘的特区，是绝对不允许外国人自由进入的。

为了保密

现在，很多单位都要在大门口挂上昭示该单位名称的吊牌或方形牌子，以引人注目。但当年的军工厂却有个奇妙的现象，在20世纪70年代末以前，工厂大门口没有任何标明该单位名称的牌子。改革开放以后，有了一些变化：工厂会在大门口钉上一块蓝底白字的铜牌或铁牌，牌子的大小类似于现在市区街头钉的邮政编码牌，上面有表示信箱编号的阿拉伯数字，比如715厂（82信箱）门口钉的就是"82"，776厂（6号信箱）门口钉的就是"6"。当年，这些信箱厂的汽车车牌号也与众不同，都要在车牌上标明各自工厂的信箱号，比如719厂（69信箱）的车牌号就是69-×（×指汽车的具体编号）。所有信箱厂的工人工资里，都有一笔保密费，每月三元至十元不等，工厂的保密级别高，保密费就相应要高些，如制造雷达整机的784厂的保密级别最高，该厂每人每月的保密费就要比719厂高出一块钱。当年，东郊信箱厂工人的工资是成都市所有单位中最高的，比成都市公务员（那时称行政干部）的工资都还要高。20世纪80年代中期，成都市总工会要调在773厂工作的民俗画家戴树良去总工会工作，如果他离开773厂，工资将减少七十多块，结果他婉言谢绝，谁知773厂后来破产倒闭。当然这是后话了。

成都东郊最早建在圣灯寺周边的四个信箱厂有配套关系，但非完全配套。715厂生产基础元件，719厂生产罗盘，784厂生产雷达整机，773厂生产显像管、摄像管。715厂的零件不会专为784厂配套，全国所有相关厂都可用他们的零件。北京718厂也是综合电子元件厂，当时全国只有这两家最老的电子元件厂。这些都依赖计划分配，由每年的电子产品分配会议来决定。

军工行业有其特殊性。420厂生产的飞机发动机，并非为成都西郊132厂（飞机整机厂）配套。以784厂为例，它是雷达整机厂，成都东郊生产的电子元件、器件，需要运到外地（南京或东北）组装成部件后，再运回成都，由784厂总装，检验合格后再发往部队。这样运来运去，成本很高。但是，这在当时是国家的总体布局。

过去，职工一进东郊的信箱厂，首先要接受保密教育：不该打听的不打听，不该讲的不讲，不该知道的不知道；不该看到的如果看到了，也不能讲。通信时，不能将工厂的信箱号和厂名同时写在信封上，否则信不仅发不出去，而且还要受到口头警告。

即便到了今天，有的厂仍然非常神秘，比如784厂，是“东调”后唯一没有搬迁的厂。笔者去该厂采访时，厂办主任王丽君热情地接待了笔者，又特意拿了个编织袋帮笔者把相机装起来，然后陪同笔者在园林式的厂区里参观。该厂有许多参天大树，鸟儿啁啾，令人赏心悦目，但车间是绝不能进的。给笔者留下深刻印象的，是当年直通厂区的铁路专用线的遗址。虽然沿着厂区的林荫大道走了一圈，但完全是走马观花。

784厂在庆祝建厂五十周年时，拍了一部表现该厂发展历程的电视专题片。曾任784 厂宣传干事的东郊作家杨传球手里就保存有该片的光碟。但这部片子只供内部人员保留观看。就笔者这个外人能否看一下，早已退休的杨传球还专门请示了厂保卫部。该厂保卫部的回答是，可以由他陪着笔者看，但不能翻录。在成华区文化馆的办公室里，杨传球陪笔者看了该片。片子拍得比较专业、大气，画面、节奏感、解说都还不错。给笔者印象极深的是，该厂的核心技术部分都打上了马赛克。再联想到杨作家的小心谨慎，笔者体会到了“保密”两个字在他们心中的分量。

当时有个罪名叫破坏军工生产

在当时，生产安全方面的控制是比较严格的，如果你加工的某个零件出了问题，影响了某个重要军工产品的质量，就要追究你的责任，784厂有个车工就因为这个，被判了二十年有期徒刑。所幸的是，二十年后刑满释放，工厂仍然接收了他，并且安排他回原车间工作。那个时候，东郊的信箱厂十分重视保密工作，可谓警卫森严，担任门卫警戒的是解放军驻厂部队，420厂里甚至驻扎进了一个解放军连队。除了门卫，各厂普遍都有厂中之“厂”，凡涉及核心机密的车间，必须要持特种通行证才行。

生产上一旦出现问题，如果有人举报你是故意的，工厂政治部就要审查你。当时有个罪名叫破坏军工生产，如果背上这个罪名，那就只有等着坐牢。当时719厂生产的所有产品都要经过一个叫真空炉胆的设备才能出厂，工人们都心惊胆战，因为真空炉胆的材料比黄金还贵，一个炉胆要值几十万，那可是20世纪70年代的几十万啊！所以，工人们操作的时候都全神贯注，如履薄冰，因为稍有疏忽就要追究你的责任。这个真空炉胆是苏联人设计的，他们离开时带走了图纸，真空炉胆经常坏，幸好后来该厂做了技术革新。

970厂曾发生过两件事，给人印象深刻。当年，该厂的某半导体军工器件要在显微镜下涂一种“光刻胶”，这是一种极其珍贵的进口感光胶，装在一个很小的瓶子里，某个工人打扫卫生时，一不小心把它当垃圾丢了，有关部门立刻介入抓人审讯。还有一次，因在烘箱里做连续耐高热试验的某半导体军工器件失控，有关部门也是立刻介入抓人审讯。

1975年，132厂（峨眉机械厂）在进行歼–7飞机试飞时，发生坠毁事故，后来查明了事故原因，原来是某个工人把飞机上某个电子设备偷拆了，装在他自己安装的电视机上。这还了得，上面立刻让拿出处理意见上报中央。该厂公安处将判处该人无期徒刑的意见上报后，中央某分管领导雷霆震怒，认为后果特别严重。结果，该人被执行枪决。

成都丈母娘特别喜欢东郊女婿

当年，成都东郊在成都人心目中是很神圣、神秘的，能在东郊工作是值得自豪的，也是令人羡慕的。有一位老东郊曾经对笔者说，别人只要问他在哪里工作，他就不说他是耐火材料厂的，总是说：东郊！总会赢得对方的羡慕。其实他们厂是市属企业，跟东郊的国防军工企业完全风马牛不相及。

当时成都东郊信箱厂的名声好、待遇高，有房子住。1989年，红光电子管厂需要招 三百名新工人进厂，闻讯赶来的青年男女差点儿把作为报名处的工厂宿舍区大门挤爆。报名的前一天，就有数百人赶到宿舍区前的广场排队，其中有许多是为自己的儿女排队的白发苍苍的老人，时值冬季，他们带着被子、大衣、凳子，冒着刺骨的寒风，在大门口排了一天一夜。

20世纪80年代以前，成都市区的丈母娘找女婿，或是姑娘找对象，首先就要问：是不是东郊信箱厂的？如果是，就觉得很是了不得。如果是相反的情形，比如成都市区集体单位的小伙子找的是东郊信箱厂的姑娘的话，那简直就不亚于癞蛤蟆吃了天鹅肉，朋友、同事会投来羡慕的目光，自己也会感到扬眉吐气。还有一种说法，20世纪80年代以前的东郊工人是工人贵族，身为国防军工厂的工人，一般来说更愿意找同是信箱厂的女工，一来不仅门当户对，工资福利待遇高，双职工容易分到房子；二来还省去了许多麻烦，因为和信箱工厂以外的姑娘结婚，要先打申请报告，工厂政治部还要出面对女方进行检查，必须等到审查批准了才能结婚。

红砖围墙里的“小社会”

成都东郊军工厂的工人回忆起计划经济年代的日子，总是透着甜蜜和幸福。虽说军工厂与外界隔着一道普通的红砖围墙，但墙内、墙外是两个社会：墙外是普通人的大社会，墙内是军工厂职工的“小社会”。“小社会”的小日子好比一对新人度蜜月那般甜蜜。

“小社会”包办一切

东郊的每一个国防军工大厂都是一个“小社会”，有自己的生活模式，经济效益在当时也较好。

就拿420厂来说吧，从20世纪50年代到70年代，该厂二级工的工资每月是三十九块，而外面的二级工则只有三十五至三十六块。厂里的福利待遇特别好，即使在三年经济困难时期，420厂照样给每个职工分梨子、带鱼、土豆、烤火的焦炭等。那都是利用原来的母厂11厂的特殊关系，从经济相对繁荣的东北那边搞来的，然后再利用直通厂里的火车专用线，用一车一车的火车拉回厂里的。职工们拿着牛皮纸、废报纸去分食品，每个人分上五斤土豆、三斤带鱼，这在一个月只能供应一斤猪肉、四两菜油的年代，是多大的实惠啊！但这种生活方式也有弊端，厂里很少和市里来往，所以当改革开放的大潮涌来时，厂里的职工往往会张皇失措。

“小社会”成了一种具有独特时代气息的模式，这种模式甚至影响到一些地处东郊、实力雄厚的地方国营工厂，它们也不甘落后，纷纷效仿。无形之中，“小社会”成了老东郊的一种时尚，一种让老东郊人沉醉的文化风景线。

那时候，老东郊的每一个大厂都是相对封闭的“小社会”，企业办社会，企业包干了职工的一切，甚至包干了职工子女的工作。

不仅如此，职工的孩子从一生下来就可以进厂里的婴儿室，上幼儿园，上小学、中学，到上中专甚至上大学，都可以不出厂门，大学的文凭也是部里颁发的。这就是“小社会”完整的子弟学校现象。当然，1977年恢复高考后，厂办大学的美好时光也就宣告终结了。那时候，生了病，有本厂的卫生所；要购物，有本厂服务公司办的商店；要娱乐，有本厂办的俱乐部和文工团，有坝坝电影；喜欢体育的，还有本厂办的篮球队、足球队。东郊人自嘲说：除了没有火葬场、殡仪馆，“小社会”啥子都有。

“小社会”绽放的春花

老东郊的每一个大厂都特别重视舆论工作， 每家不仅办了广播站（个别大厂还自办了电视台），而且都办有一份像模像样的厂报，这些厂报经历了手工刻印、手工排字铅印、电脑排版彩印三个历史阶段。这些厂报以其“三贴近”（贴近职工、贴近宿舍、贴近工厂一线）的特色，受到本厂职工的欢迎。厂报记录了企业成长的历程，它在鼓舞职工士气、塑造企业形象、弘扬企业文化精神方面，有着独特而不可磨灭的贡献。

老东郊说起当年的东郊厂报，往往如数家珍：《宏明报》《锦江报》《新兴报》《红光报》《国光报》《亚光报》《前锋报》《虹波报》《成发报》《成量报》《成实报》《光明报》《蓉城机车》《川抗通讯》《成微报》《成电简讯》等。尤其值得一提的，是776厂办的《国光报》，多次荣获中国电子新闻协会厂报分会一、二等奖，还连续九年获“成都市优秀企业报”的称号。川棉一厂办的《川棉报》的副刊尤其有特色，内容涉及文艺、文教、经济、环球风云等方面。川棉庆祝办报十周年时，还专门精选了厂报上发表过的文章和图片，出了一套名叫《金秋》的集子，颇有影响。川棉一厂也是众多老东郊工厂中第一个出书的单位。

老东郊相继涌现了一批有文艺细胞的工人，比较知名的工人作家有：从715厂走出的诗人、《星星诗刊》副主编刘滨；从719厂走出的小说家、《青年作家》副总编火笛；从420厂走出的诗人黄万里和白杨树、小说家贾万超；从成都电焊机厂走出的小说家王金泉。后起的知名文学家有：客居东郊二十五年的著名小说家、散文作家、四川文艺出版社编审林文询；从719厂走出的作家、评论家张义奇；从784厂走出的小说家、油画家杨传球；从轴承厂走出的儿童文学作家王良谨；从川棉厂走出的著名书法家、曾任中国书协秘书长的刘正成以及著名画家、电子科技大学兼职教授向维果；从773厂走出的民俗画家戴树良等。他们既是东郊工业文明一道炫目的风景线，也是“小社会”的幸福生活绽放的绚丽春花。

“小社会”的幸福文化生活

提到老东郊“小社会”的幸福生活，最令人津津乐道的是坝坝电影。各厂俱乐部都设有电影院，但需要买票才能进场观看；在各厂宿舍区的坝子里放的露天电影（一般都是在灯光球场举行）则是免费的，所有人都可以看，称为坝坝电影。那时候，老东郊与全国一样，实行的是每周六天的工作制，一到周休日晚上，就是看坝坝电影的时间。尤其是1976年以后，文艺的春天降临人间，每一个周末都是老东郊各厂宿舍区的节日。各厂都买了电影放映机，建立了电影放映队。由市电影公司负责为东郊各厂的坝坝电影实行有偿供片。只要舍得跑路，从天黑到次日凌晨，同一部电影可以在不同的宿舍区至少看个三四遍。

星期六一大早，占位子的行动就拉开了，高高低低的板凳在露天放映场地上排得满满的。一排排椅凳看似密密麻麻，其实秩序井然，谁是谁的座位，各人心中有数。只有占好了晚上看电影的位子，上班的人才放心。当年，三机部一位领导到719厂视察，白天路过露天放映场时，看见极其壮观的板凳阵，不免诧异，一问，才知道原委，当即拍板发话，资助该厂修建新俱乐部。

420厂“小社会”的功能最为齐全，也最为典型。该厂的职工和家属加在一起，有六万之众。如此大的人口基数，相应的设施也最多。在该厂的宿舍区，设有三家职工医院和三个食堂、三所幼儿园、两所小学，还设有中学、职工大学、技工学校和职工培训学校各一所。工厂不仅办了文工团，还办有管弦乐团、合唱团、老年秧歌队等。除了办有厂报、广播站等宣传载体，420厂还于1992年底开通了成发电视台。设在宿舍区临街处的厂工人俱乐部，有售票的电影院和层层看台环绕的灯光球场。灯光球场是多功能场所，春秋两季举办运动会时，它是体育赛场；周末，它是有乐队伴奏的露天舞场；节假日，它是厂演出团体的文艺节目表演场。

老东郊这些文化活动精彩纷呈，它不仅丰富、充实了职工的文化生活，还增强了凝聚力，焕发出东郊工业文明的独特光彩。

▲ 猛圣路起点变成了成华公园大门　常德摄

建设路的自行车潮水

老东郊最难以忘怀的，是建设路上的自行车潮水。

建设路从猛追湾（今成华公园大门处）起步，横跨一环路，止于二环路口，沿线是宿舍区最为集中的地方，它又是通向城里最主要的通道，每天上下班的高峰时段，就是自行车潮和人潮“洪峰”奔涌的时刻。20世纪70年代末，离上班还有一二十分钟的时候，来自四面八方的自行车流和人流，陡然间会在建设路上汇成暴涨的“山洪”，挤走了汽车，挤满了街道，极为壮观。下班时间一到，自行车流和人流又从每个工厂的大门涌出，汇集到建设路来。公共汽车的喇叭声、喧闹的人声、自行车的车铃声，响成一片。此时，最怕出现意外，一旦某辆车一按刹车，将引起多米诺骨牌的连锁反应，噼里啪啦倒下一大串。因刹车而引发的笑话不断，其中一则是：亚光厂有位新进厂的姑娘，在建设路的车流中摇摇晃晃地骑行，忽然稳不起了，眼看就要栽倒，她下意识地伸手就将旁边的小伙子一搂，小伙子差点儿摔倒在路上，窘得满面通红，忙将双脚踩地。姑娘一句“稳不起了”，让小伙子顿时就理解了。

建设路上的自行车潮水是时代烙下的鲜明印记，是老东郊人心目中永远的诗情。无论他们走到哪儿，只要一想到建设路上的自行车潮水，脑海里总会涌起温馨的回忆。

▲ 旧时建设路上的自行车流　王文澜摄

成都东郊对国家的特殊贡献

东郊面积达16.4平方公里，不仅是成都最早、最大的工业集中发展区，也是中国电子工业的摇篮、四川工业的骄傲，为保卫祖国、巩固国防、建设国家、扬威世界做出了极为特殊的贡献。

1949年年底，成都这座仅有70万人口的城市，面积只包括成都县和华阳县，经济萧条，工业基础极其薄弱，几乎没有一家近代工业，全市这年的工业总产值仅2300多万元。成都人自嘲为“马路不平，电灯不明”。中华人民共和国刚成立时，成都全城倒是有两千来辆汽车，可惜这些车烧的全是木炭而非汽油。

以军事工业领衔的东郊彻底改变了成都的历史。中华人民共和国成立以来，国家先后在东郊布局了大批电子、冶金、机械等行业的骨干企业，形成了成都的工业基础。其中仅分布在成华区的规模较大的工业企业共165家，总资产322亿元，从业人员15.3万人。1990年，东郊工业企业的总产值占全市工业总产值的52.4%，占全市国有工业总产值的75%。东郊国有工业企业具有企业规模普遍较大、行业优势较为明显、工业基础相当雄厚的三大特点。

从1953年至1980年的二十多年间，东郊形成了全国最大的电子元器件基地。1953年在圣灯寺周边的浅坡上布局的大厂都是二机部十局下属的工厂：715厂是国家骨干军用电子元件配套企业，是全国最大的电子元件基地；719厂生产为飞机、导弹配套的通信、导航系列产品；于1957年从绵阳迁到原788厂原址的773厂，是我国第一家大型综合性电子束管器件基地。

784厂是雷达总装厂，不管是“神舟号”系列飞船上天，还是北京奥运会的召开，都离不开该厂生产的雷达作保障。784厂始终在为我国的国防提供最好的装备。

776厂为雷达、尖端武器等配套生产电子产品，是全国最大的发射管基地。

906厂是我国最早建成的微特电机制造厂，是电子部唯一的为军事电子装备配套的特种微电机工厂。通俗一点说，906厂是专门为天上飞的、地上跑的、水里游的，甚至在太空遨游的种种机器提供五花八门电机的生产厂家。1982年10月，中共中央、国务院、中央军委给企业发来贺电，同年12月，国防科工委给企业发来感谢信。906厂为331工程配套的多项产品获立集体功，国家授予荣誉锦旗。

745厂是三线建设时期内迁组建的一个新厂，是全国最大的军用钨钼丝生产基地。

970厂也是三线建设时期内迁组建的重点项目。是电子工业部元器件的骨干企业，屡屡为我国的人造卫星、运载火箭、氢弹等多个重大军事装备和科研项目作配套。2003年10月 15日之后陆续向太空发射的“神舟号”系列载人飞船或不载人的航天飞船，乃至国庆大阅兵时隆隆驶过的坦克，都使用了该厂提供的电子元器件。

208厂于1958年即在草棚里研发出军用光学玻璃。如果说，军用光学仪器是各种战略战术武器的眼睛，那么，军用光学玻璃就是制造人工眼睛的唯一材料。军用光学仪器对于实现完整和独立自主的国防体系的重要意义不言而喻。

当年东郊工业的布局具有历史局限性。到了今天，尽管东郊好些工厂不存在了，但是它们当年在国家最需要的时候发挥了作用，尤其在“两弹一星”上发挥了重大作用，为以后的大发展做了很好的铺垫。

20世纪60年代初，773厂生产的黑白显像管供天津生产的“北京牌”电视机配套用。773厂另一大类产品是军品，比如示波器用的示波管、摄像管、夜间摄像管、图像倍增管、雷达指示管等，都属于世界先进水平。如前面所说，“两弹一星”的成功发射，东郊这些军工厂都起了很大的作用，如果没有773厂生产的管子，仪器就成了“瞎子”，发射现场将什么都看不见。

当年，东郊的好多厂都成为全国相关工厂的基地，起到了向全国辐射的作用。比如773厂，就有来自全国的几百个人在这儿学习。贵州建电子工业基地，东郊去了大批的人马、设备、技术资料，还有厂领导。

前锋（766厂）人自诩工厂为“东郊的桥头堡”，因为从架在府河上的一号桥进入东郊，首先映入眼帘的，就是府青路边前锋厂巍然屹立的办公大楼。一般人是从使用前锋燃气炉具、燃气热水器、抽油烟机等知道前锋的，但却不知道前锋是中国第一个无线电测量仪器骨干企业，是中国产品、技术处于一流地位的军用电子仪器定点生产企业。前锋人对于自己的企业有着难以抑制的自豪感，前锋的形象宣传册里是这样写的：

我们曾参与的重大项目：

中国第一代批量生产的高频电感电容测量仪——仿苏LCCG-1

中国第一颗人造卫星——“东方红一号”

中国第一代航天远洋测量船——“远望号”

中国第一艘载人飞船——“神舟 5 号”飞船

……

我们不妨再来看看715厂《辉煌50年》形象宣传册里的内容：

作为国家骨干军用电子元器件配套企业，宏明一直为国家诸如“921工程”等重点项目以及多项国家重点工程项目配套，为航天、航空、兵器、电子、船舶等系统的重点工程配套，提供大量高品质元器件。多次受到国家、信息产业部、航天系统等表彰。

承载中国人几千年飞天梦想的“神舟”系列飞船，同样凝聚着宏明人的心血，从飞船地面的控制设备、火箭船体等配套的数以万计的高品质电子元器件，为飞船的正常运行提供了可靠的保证，为国防事业默默奉献。

成都东郊当年的这些军工厂虽然现在已经搬走了，进行了改制重建，但它们依然在新时期发挥着特别的光和热，为共和国的国防事业默默奉献着。

建设路上的“东调”波澜

以建设路为代名词的成都东郊这个老工业基地如今已经烟消云散了，这就是“东调”（成都东郊工业区结构调整）的结果。“东调”是交织着激情与艰辛的工业战略大转移，是让老东郊人刻骨铭心的重大事件。2001年8月8日，中共成都市委、市政府做出重大决策：实施东郊工业区结构调整。到了2006年10月，历时五年的艰苦努力，基本完成了东郊工业企业的搬迁改造。

老工业基地的尴尬和新生

成都东郊国有工业企业满怀着光荣与梦想，曾经创造过无与伦比的辉煌，但也存在问题。2007年，中共四川省委政策研究室完成了《成都东郊工业区结构调整调查》，对实施“东调”以前东郊国有工业企业存在的问题做出了如下实事求是的表述：

> 从20世纪90年代中期开始，全国各地老工业基地生产规模和企业效益急剧下滑，东郊工业区也不例外，尤其是三大困境难以化解：一是成为成都工业的“重灾区”。2000年，东郊企业的工业总产值占全市的比重下降到20%以下，企业平均负债率高达70%以上，实现利润为亏损6000万元，大批企业破产。

二是沦为成都中心城区的“贫民区”。国企职工生活艰难，数万职工下岗，在岗职工收入连年下降。三是成为影响成都城区环境质量的主要“污染源”。大量工业污水直接排放，沿线排污口250个，年流入污水3788万吨，使贯穿东郊工业区的沙河成为一条臭水沟。

到20世纪末，东郊工业区问题已越来越影响到成都经济社会的发展和城市规模的扩张，关系到四川的投资环境和对外形象，彻底整治、尽快整治的要求愈发迫切。成都市为此投入了大量人力、物力，但“头疼医头、脚疼医脚”的老办法始终无法解决四大突出矛盾：一是东郊工业振兴与城市整体布局的矛盾。从区位上东郊工业区已成为成都中心城区的重要组成部分，但滞后的市政建设严重影响城市形象。二是东郊工业振兴与资金投入的矛盾。实施东郊工业企业异地发展，搬迁成本高达200~300亿元。三是东郊工业振兴与环境保护的矛盾。由于企业密集，单个解决环保问题，无法在整体上达到环保要求。四是东郊工业振兴与社会和谐稳定的矛盾。东郊工业区涉及的职工及家属超过40万人，占当时成华区和锦江区人口总数的40%以上。企业困难不仅严重影响职工宿舍水平，也严重影响全社会的和谐稳定。

成都东郊工业区结构调整迫在眉睫，但“东调”面临的困难和问题也是前所未有的。“东调”事关重大，必须尽可能地减少失误，科学的决策尤为重要，为此，市经委特别邀请专家学者对“东调”的可行性进行论证。论证显示，在国企改革深化的大背景下，职工对企业搬迁改造的承受能力增强；市区周边不仅有接纳城区搬迁企业的积极性，而且还有足够的能力。论证最为鼓舞人心的一条理由是，假如政府投入足够资金整治沙河，营造东郊的宜居环境，必然带来难以估量的良性后续效应，土地必然升值，如此一来，利用级差地价即可解决搬迁的巨额资金问题。

在“东调”的过程中，有两个术语应运而生，在新闻中出现的频率很高，一个叫“退二进三”，一个叫“腾笼换鸟”。“退二”，指将原来第二产业中严重污染、资不抵债的老工业企业，坚决实施就地淘汰；有发展前景的企业通过技术改造，提档升级。“进三”，就是大力发展都市工业、现代商贸业、物流业、旅游业和房地产业，实现区域产业重构。“腾笼”，就是搬走不适合在都市发展的老工业企业。“换鸟”，就是换来发展空间、发展资金符合要求的项目。

“东调”的总体目标非常明确：通过搬迁改造，调出一批具有核心竞争力的企业，培育一批具有市场竞争力的产品，形成一批产权多元化、建立现代企业制度的企业集团，构建工业新优势。

那么，“东调”的结果究竟如何呢？请看中共四川省委政策研究室对“东调”的评价：

进入新世纪，成都市以大气魄、大手笔启动了对老工业基地东郊工业区的结构调整，这是成都市改革开放以来工业结构和生产力布局的一次重大调整。“东调”以来，基本上实现了产业发展、城市建设、环境保护、群众受益等经济社会各方面的综合效益，是“坚持科学发展、构建和谐四川”的创造性实践和成功范例。

沙河获“国际舍斯河流奖”

东郊在实施“东调”以后，现代商贸业、物流业、旅游业和房地产业能否在这一片老工业基地上蓬勃发展，关键是看能否营造东郊的宜居环境，而前提条件则是沙河能否得到彻底整治。

沙河，已在成都东山的边缘地带流淌了两千多年。随着中心城区的逐渐扩张，到了2000年，沙河的问题越来越严重。

2001年11月28日，在东郊工业区结构调整启动三个多月后，总投资32.48亿元的沙河环境综合整治工程宣告启动。2004年12月30日，包括截污、防洪、绿化、道路等九大配套工程在内的沙河改造工程，历时三年，终于全面结束。沙河整治把森林引进了城市，工程建设44.44公里绿化灌溉线，总体绿化面积345公顷，全线栽植桂

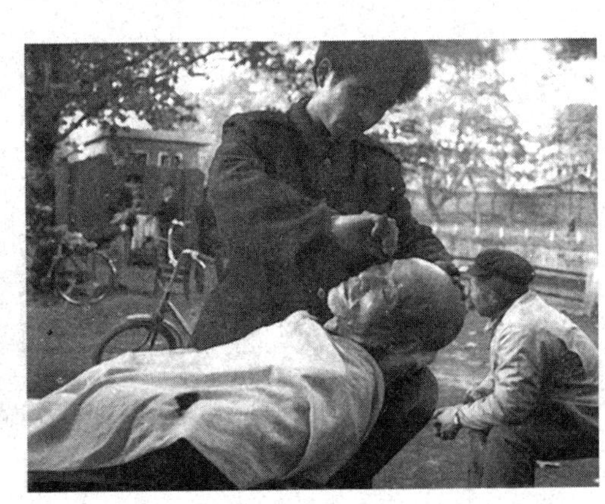

▲20世纪80年代，沙河边剃头 刘开诚摄

花、广玉兰、金叶女贞、银杏、黄葛树、水杉等特色观赏乔木12.2万棵，栽植各类花草310多万株，种植草21万多平方米，构成了可喜的植物生态群落。沙河被重新定位为自然型、生态型、亲水型河流。最难能可贵之处是，它没有像府南河改造工程一样，以硬质堤防和高筑的直立断面示人，造成亲水性的障碍，而是保留了自然河流河岸的优美形态，河湾、缓坡、浅滩、水草，宛若天成，沿岸还根据地形造出了绿化带。

沙河还精心构筑了一条散点式的文化长廊，把成都的水文化、历

▲ 沙河新貌　常德摄

史文化和现代工业文明等元素，有机地融入沙河两岸的美丽风光之中。于是，随着沙河改造工程的结束，沙河八景也脱颖而出。北湖凝翠、新绿水碾、三洞古桥、科技秀苑、麻石烟云、沙河客家、塔山春晓、东篱翠湖这八大景点，犹如镶嵌在沙河沿岸的八颗宝石，装点着今日沙河迷人的风姿。

“国际舍斯河流奖”有着河流奥斯卡之称，每年评一次，奖金为22.5万澳元。凡致力于环境修复的个人或机构，以及河流和蓄水区管理项目，均有机会参评。它的评审标准非常高，我国当时在该奖项上还是空白。

2005年7月，沙河工程首次申报该奖，作为亚洲唯一的发展中国家河流治理项目入围决赛。但是，沙河与该奖最终失之交臂，只得了个安慰性的纪念奖。

2006年7月12日，再次申报该奖的沙河成功进入四强名单。同时入围四强的，还有美国克什米水岭、澳大利亚麦加利河和加拿大密瓦辛峡谷。此次沙河能否获奖，确实颇有悬念。

2006年度的“国际舍斯河流奖”在澳大利亚举行。整个颁奖典礼的保密工作做得很好，奖杯都已放到了台上，但仍然没人知道究竟花落谁家。

四条入围河流的情况在大屏幕上一一出现。而沙河，是最后一个出场亮相的。大屏幕上播放着沙河整治前后的画面，台下，与会代表刘群芳把心悬到了嗓子眼，生怕去年失望的一幕重演。宣布结果的时刻终于降临。全场倏地安静下来，所有人都满怀期待地望着主持人。

“Sha River！”主持人在故意卖了个关子之后，朗声宣布道。掌声和欢呼声四起。刘群芳的热泪夺眶而出，情不自禁地从座位上一跃而起。紧接着，祝贺的拥抱和握手接踵而来。以前提到成都，外国友人第一个想到的是大熊猫、都江堰，而现在沙河也成了成都的一张名片。

建设路军工厂的去向

成都东郊工业集群化整为零，搬出了这个老工业基地。那么建设路上那些工厂究竟去哪儿了呢?

我们还是由西向东按顺序说起吧。

715厂朝气蓬勃

715厂（国营成都宏明电子厂，82信箱）是苏联援助的156项重点工程建设项目之一。于2000年完成改制，并设立为股份有限公司——宏明电子股份有限公司。公司是“东调”企业中的盈利企业，已连续20年荣获中国电子元件百强企业。公司还是国家西部大开发重点支持的综合性新型电子元器件电子基地型企业，不仅于2000年获得国际质量体系认证，而且还于2004年通过了GJB9001A-2001军工质量体系认证，并连年通过复查。

宏明电子是第二批搬迁的企业。2002年6月，公司启动搬迁，2003年完成搬迁任务。在地处龙泉驿区的成都经济技术开发区、青羊区的蛟龙工业港、青羊区工业集中发展区的双新科创园，分别建成了三个占地100亩、32亩、108亩的生产工业基地。这三个工业基地在产品链上互为补充，形成八大门类八万个细规格的产品系列。这个经历了50年风雨的军工企业，以全新的产业布局和发展态势呈现在世人面前。

719厂政策性破产后涅槃重生

719厂（国营成都新兴仪器厂，69信箱）是苏联援助的156项重点工程建设项目之一。实施政策性破产后涅槃重生，轻装前进，脱胎换骨，成为中国航天科工集团成都航天通信设备有限责任公司，是中国航天通信（集团）公司和北京航天测控技术开发公司共同投资组建的专业化军工企业，主要从事航空航天通信和导航设备、电子产品及多层精密印刷电路板的研发制造。公司是航天系统星、弹、箭所需印刷版的定点生产厂家和首选单位，是我国最大的军用印刷板企业之一，“神舟号”系列飞船上的一部分印刷版由该公司生产制造。

该公司被列为第七批搬迁企业，于2003年12月启动搬迁，迁往龙潭都市工业集中发展区。2005年12月，占地200亩的新厂区竣工。

773厂破产并被兼并

733厂（国营红光电子管厂，106信箱）是苏联援助的156项重点工程建设项目之一。在20世纪80年代已进入全国电子行业百家大型骨干企业行列，是成都市的出口基地企业。有黑白显像管以及玻壳、电子束管、电光源等十四类三百多个品种，三十多项创国家、部、省级优质产品，三十多种产品销往北美、东欧和东南亚等十几个国家和地区。1990年晋升为国家一级企业。红光由此进入鼎盛时期，工业总产值在当年达1.8亿元。工厂曾获得来厂视察的多位国家领导人的表扬，并获得十年创新奖、全国环境优美工程奖等奖项，以及部、局、省、市颁发的约二百项光荣称号。1988年至1989年，红光厂兼并了三线建设搬迁单位原国营新光电工厂、国营庆光电工厂。1992年9月改制，成为成都市首家国有大型企业通过股份制改造建立的股份制企业，在成都开创了金融资本与产业资本大规模融合的先河。

1997年，红光陷入“股票门”大案，次年被中国证监会依法查处。红光编造虚假利润，骗取上市资格，隐瞒重大事项，挪用募集资金买卖股票；上市以后，继续编造虚假利润，实际亏损额相当于募集资金的55.9%。股票案处理之后，红光被兼并重组。

2001年10月8日，红光集团宣告破产。

红光这样一个曾经在国家最需要的时候做出巨大贡献的军工企业，在最辉煌的时候有上万名职工，破产后，职工安置就业问题一度成为企业重组之前最大的难题。红光电子管厂从此烟消云散，只在建设南街的东侧原地留下三个分别叫红光一区、红光二区、红光三区的宿舍小区。

784厂从濒临破产到成为央企

784厂（锦江电机厂，107信箱）是雷达总装厂，是地处成都的两个国防工业总装厂之一，也是苏联援助的156项重点工程建设项目之一。不管是“神舟”系列飞船上天，还是北京奥运会的召开，都离不开该厂生产的雷达作保障。该厂始终在为我国的国防提供最好的装备。该厂生产的气象雷达在当时是国际上最先进的，生产的军用雷达也达到了国际同期水平，而且具有完全的知识产权。20世纪90年代后期，该厂一度濒临破产，经过国家兼并重组、债转股的政策，并进行打折收购，该厂才终于化解了债务危机。

成都“东调”开始的时候，该厂正面临 9 个多亿的债务问题，资产不明晰，当时的条件不允许他们申请搬迁。在20世纪90年代后期，该厂是全国生产录像机的龙头企业，贷款 2 亿元引进了录像机生产线，建成后仅生产了一两年，产品就更新换代了。利滚利的结果，是欠下了巨额债务。

国家负责地面情报雷达的有“三厂两所”，该厂技术实力雄厚，是公认的“三厂”的第一名。该厂主要产品有气象雷达、大型地面情报雷达、导弹发射的指挥系统、导弹的诱饵、航管雷达、电磁、微波器件产品、各型通信天线等。1997年，该厂改制为锦江电器有限公司，是当时成都市唯一一家隶属市国资委的企业，从2004年起，又成为国有独资企业。2012年，该厂并入中国电子信息产业集团，改名为成都锦江电子信息产业有限公司，成为中央直接管辖的企业。

“东调”开始时，成都周边区、县招商引资，纷纷上门来邀请该厂去当地发展，以作为当地经济发展的支撑点。但该厂老厂区占地仅三百余亩，卖土地的钱会被银行收回。根据当时的级差地价，如果贸然搬迁，可能会搬垮。等到有条件搬迁时，经济环境发生了很大的变化，“东调”有关的优惠政策没有了。成都周边开发区不仅地价飙升，而且很挑剔。于是，该厂暂时未搬迁。

2018年3月，该公司的生产车间搬迁到新都区龙虎镇，新厂区比原厂区占地面积大了将近两倍。但该公司的办事机构、经营管理机构和科研所仍然留在原址。

970厂搬迁搬发了

970厂（亚光电工厂，7号信箱）位于建设路1号，当年是正师级的大Ⅱ型国有企业。在1998年改制的前三年一直亏损。1998年，厂里决心搞股份合作制，对新任厂级领导实行海选，这是东郊工业区的空前创举。亚光实行海选并且改制成功，新成立了成都亚光电子股份有限公司，国家的军工股是小头，由占了大头的职工股控股。由于政策的扶持和管理严格，改制当年就扭亏为盈，此后效益一年比一年好。2007年，中国航空工业公司不仅收购了成都国投的军工股份，而且还全部收购了职工的个人股。当初花一块钱买的股票，后来的回报是六十多块钱，亚光厂的工人又买新车又买房，一个个都发了。

亚光始建于1965年，是三线建设时期的内迁厂，是中国第一批研制生产微波半导体器件及电路的骨干企业。亚光公司是被成都市列入第二批次的搬迁企业，是“东调”搬迁企业中的盈利企业。2003年4月，亚光启动搬迁，同年11月5日，公司正式进驻东虹工业园。2007年，亚光又在高新西区购了五十五亩土地，建设亚光微波设备生产基地。

776厂搭建发展新平台

776厂（国光电子管厂，6号信箱）位于建设路2号。是苏联援助的156项重点工程建设项目之一。面对国内工艺技术的空白，该厂从试制国内第一只低噪声行波管开始，开启了我国军用微波管研制生产的新纪元。此后，国内第一只变频磁控管、第一只千瓦级大功率连续波行波管、第一只栅控连续波行波管先后在该厂诞生。2000年10月，该厂成功改制为国光电气股份有限公司。

2001年9月，国光被成都市列为“东调”第二批搬迁改造企业，是“东调”企业中的盈利企业。公司搬迁到设在龙泉驿区的成都国家经济技术开发区，占地200.83亩。按照“东调”政策，国光边建设边搬迁边生产。当年9月，国光龙泉产业园项目破土动工。2004年10月12日，该产业园正式开业运行。2005年9月，国光龙泉产业园竣工。该产业园的诞生，为国光战略发展搭建了新平台。之后，国光对企业发展布局进行了大调整。生产单位集中调迁到了厂北区，建立了军品、民品两个生产研制基地；办公楼机关各处室迁到国光大厦，建立企业总部，形成了一个总部和两大基地并存的新格局。到了2012年，公司总资产接近7亿元，净资产达到4.3亿元，成功实现转型发展、升级发展的目标。

745厂搬迁后高速发展

745厂（国营西南专用材料厂，253信箱）位于建设路口对面的二环路东一段，北边比邻719厂。745厂为苏联援建的北京电子管厂钨钼材料分厂，于三线建设时期迁到成都，组建为西南专用材料厂，是当时全国最大的军用钨钼丝生产基地。1994年，该厂改组为成都虹波实业股份有限公司。虹波公司是成都市列为第六批次的“东调”企业，也是“东调”企业中的盈利企业。2003年7月，公司启动搬迁：一处是搬迁到青白江工业园区，筹建成都虹波钼业有限责任公司，

2006年12月建成投产；另一处迁至设在龙泉驿区的成都经济技术开发区。2006年完成全部搬迁任务，当年投产。新厂区占地322亩。

通过土地置换，公司获得搬迁改造资金4.29亿元，专门从德国引进了一套用于加工钼粉的全球顶级设备，一年可为公司带来至少几百万元的效益。2004年，公司投资6000万元，建厂生产钼酸氨，并与日本联合材料株式会社共同出资5000万元，成立了成都联虹钼业公司，专门生产钼片，填补了国内空白。企业搬迁之后的三年时间，利润翻了七番，规模位列国内同行前列。

建设路的草根状态

建设路两边的“十街坊”、猛圣路起点处的草棚茶铺、贸易公司的国营商铺、服务大楼和华联商厦、沙河电影院、建设路口的机面店、油烫鸭店“好又来”、石室中学初中学校、建设路小学……这些曾经让建设路大放光彩的草根文化如今或已消失、或已转变。经过紧锣密鼓、如火如荼的改造，2009年12月24日，重被打造的建设路终于迎来了华丽转身。如今，建设路以自己的时尚和繁华，变身为“建设路大商圈”的核心。

建设路两边的“十街坊”

20世纪80年代以前，建设路除了107信箱宿舍区后面是成都电讯工程学院，建设路1号、2号分别是亚光、国光的厂区之外，其余地方除了几个军工厂的宿舍区及邮电局、银行，便是田野。

当年的建设路有个很不起眼的单位，名叫12号信箱，这个12号信箱是如此陌生，以致许多老东郊都不知道这个单位的存在。它的具体位置在69信箱宿舍区南大门的对面，夹在大名鼎鼎的服务大楼与82信箱宿舍区北大门之间。12号信箱是四机部设在成都的福利管理局，负责建设四机部部署各厂职工的居住小区，从20世纪50年代几个最早建立的国防工厂开始筹建时它就存在了。毫无例外，它也是苏式的红砖红瓦三层楼的建筑，前院是机关办公大楼，后院是宿舍。12号信箱与东郊的其他信箱厂一样，大门口没有任何标志。当年，设在建设路的邮电局本身就带有保密性质，负有特殊的使命，该局有几个邮递员专门投递国防军工厂的邮件，他们对没有任何标志的东郊各个信箱厂的位置了如指掌。1966年，12号信箱被撤销，它的房产和地产划拨给了82信箱。

据老东郊说，建设路的两边设置了十个街坊，即十个宿舍区。笔者在长篇报告文学《沉浮东方》中就是按照这种说法进行表述的：“成都东郊的规划以沙河为界，是按河东为厂区，河西为宿舍区来布局的。最初建的四个厂（82、69、107、106信箱），它们的宿舍区都规划在沙河以西的田野上，到1958年以后才建成的十个街坊（十个宿舍区）被一分为二，一南一北，摆布在一条大路的两边。”

这次为了写作本书，笔者进行了更深入地调查，这才发觉“建设路的两边摆布了十个街坊”的说法有误。以下，就将建设路两边的宿舍区进行逐一对号入座。猛追湾街口，建设路的南边是82信箱的第一宿舍区，称为一街坊；在一街坊的东面，以一环路为界，是82信箱的第二宿舍区，称为二街坊。猛追湾街口，建设路的北边是69信箱的宿舍区，却从未有过街坊的称呼。在今沙河电影院对门，是107西苑，也是该厂的第二宿舍区，称为四街坊（但是另有老东郊说，从107西苑到82的整个第二宿舍区都是四街坊）。沙河电影院旁边的建设巷口一直到几百米外的沙河边，是107锦电南苑，也是该厂的第一宿舍区，称为八街坊。八街坊的对面，今高地那一带，是106信箱的第一宿舍区七街坊。建设巷11号、12号，分别是国光的宿舍区九街坊、十街坊。位于建设路1号的亚光，它的宿舍区远在建设南二路，跟建设路隔着两条街，也从未编入过“十街坊”。位于建设路2号国光厂区西侧的，是68信箱成都电机厂的宿舍区，也从未编入过“十街坊”。建设路号称的十个街坊，细算起来，实际上却只有一、二、四、七、八、九、十这七个街坊，第三、五、六这三个街坊却找不到踪迹，接受采访的老东郊都说没有听说过这三个街坊。

为了慎重起见，笔者又电话采访了更多的老东郊。结果出乎意料。并非没有第三街坊，它没有设在建设路，而是跑到了数里之外、地处建设路西北方向的曹家巷。曹家巷那边的老辈人说，一、二、三街坊都在他们那边，具体的分法是：以马鞍路为界，路西是三街坊，路东是一、二街坊。并且曹家巷那边的一、二街坊比建设路的一、二街坊叫得响。这就怪了，忽然一下子冒出了两个一、二街坊。孰是孰非，难以定论。

为什么会在曹家巷设立三个街坊呢？曹家巷分内曹家巷和外曹家巷，全是建工部一局第三建筑公司（今省建三公司）的地盘。当年，成都东郊的保密工厂多，为东郊基本建设工程施工担当主角的，是国家特地从北京调来的建工部一局。为了适应东郊的建设和发展，中华人民共和国刚成立不久，一局就在曹家巷府河边建立了大型木材加工厂。当时建设东郊所用的木材来自松潘、茂汶一带的原始森林，依靠岷江的急流，无数原木从深山里源源不断地漂向川西平原，漂进流过

▲ 一街坊的苏式建筑　常德摄

成都市区的府河，一直漂到北门大桥。在北门大桥前面宽阔的河道上，木材加工厂设置了杩槎长蛇阵来拦截漂木，打捞上岸的漂木被码成一个个“山”字形的木材堆。该厂当时是首家实行机械化加工的国有企业，当时的房屋主要是砖木结构，东郊所用的木材都是在这里加工的。在曹家巷一带就建立了一局下属的系列建筑公司，其中，以退役军人为主体的第三公司是建工部一局的王牌，凡是带信箱的工厂，都是以该公司为主建设的。是否因为建工部一局三公司所修建的是秘密军工基地，他们的三个宿舍区因此也以街坊相称呢？当然，这仅仅是笔者的主观揣测而已，要想弄清楚这个问题，除非找到当年编“十街坊”番号的12号信箱的有关工作人员。

但是，不管是在建设路，还是在其他区域，第五、第六这两个街坊依然没有着落。也许这正是成都东郊的神秘之处吧。正如成都东郊军工厂信箱的编号一样，也是毫无规律的：82、69、106、107、2、6、7、12、68、40、35、51、77、253、600、843。编号很随意，让局外人不得要领。

猛圣路起点有个草棚茶铺

前面说过，最初的建设路名叫猛圣路，20世纪50年代中期时，猛圣路对面修了一排房子，既有红瓦房，也有盖着麦草和油毛毡的简易房子。红瓦房的第一间是一家私人诊所，医生姓廖，平头方脸，是一个和蔼的老头儿，高坝田的穷人看病都要找他。诊所左边，隔着一片菜地，就是猛追湾街两边的住户。诊所右边，就是成都市贸易公司下属的百货商场。商场右边，有几个卖蔬菜的摊位。菜摊的右边，是红砖砌墙的简易茶铺。

茶铺虽然简易，面积也不过一两百平方米，却因为有一位长期驻场的评书艺人，而成为深受当地人喜欢的娱乐场所。说书人名叫赵云龙，喜欢穿白衬衣，胖乎乎的圆脸上架着一副眼镜，说起书来眉飞色舞，脸上的表情特别生动。说书开始的时间是晚上7点半，他每天总是背着他的宝贝竹琴，骑着自行车，在晚上7点15分准时赶到。赵云龙家住在北门上，每次过来演出都要在路上花很长时间，有时候下了自行车都还在啃锅盔。此时，热情的粉丝们早已热热闹闹地坐了半间屋子。

赵先生说书与别人不同，开场白总要来一段介绍当晚评书内容的“道情”。只见他往大竹椅上从容一坐，怀抱竹琴，左手拍打着竹筒底部蒙的油皮，和着右手击打的简板和铜铃声，嘹亮浑厚的唱腔在房子里回旋。等他过足了瘾，接着便是引人入胜的讲述。

赵先生的评书十分吸引人，老辈人每每回忆起他当年讲的《三国演义》《小侠武艺》《金仙玉仙》等书目，依然感叹不已。他的观众分为两拨人：门里掏了钱入了茶座的老茶客；门外是层层叠叠的站客，赵先生有时会感叹几句："哎呀！想听书的呢又没钱，不想听书的呢钱又用不完！"这时，倒茶的幺师就会跨出门干涉："自觉点！自觉点！喝几分钱一碗的茶？"站客中的大人这时往往感到不好意思，就会自觉地走开。有时候，赵先生心里高兴，看见书场还有空位子，就会叫幺师放几个小孩进去，还美其名曰："培养点儿小观众。"

当年赵先生培养的小观众之一，便有高坝田郑家院子土生土长的郑光福，著有《川西风情》《巴蜀留韵》《新闻采写三十年集》等专著，并且是四川省散文学会常务理事、成都市广播电视学会副会长、成都市老新闻工作者协会秘书长。在赵先生的熏陶之下，小小的"光福子"成了评书迷。每天一吃过晚饭，就沿着乡间小路朝茶馆跑。听完评书已是夜里9点过，他还要赶回队里，值夜看守坡地上已经成熟的红苕。

当年，赵先生每每讲到得意处，故意按下不表，端着一个大碗从表演桌后走下来，向观众收钱。观众只要朝碗里丢钱就好，一分、两分不论。

新鸿村高坝田的李家院子有个青年农民叫李国栋，听赵先生的评书听上了瘾，就迷上了说唱艺术，一心想吃曲艺这碗饭，但他自忖，自己虽然扮相尚可，可惜矮了点儿，再加上没有赵先生的嘴劲，就避开了讲评书，选择了打金钱板，专门拜了四川金钱板大师邹忠新为师。他一心想脱掉农皮，擅自跑到大邑县邮江煤矿去挖煤，希望能混进工人阶级的队伍，结果自然是没有当成。他只好回家，把学到的金钱板手艺无偿教给同村的孩子。李国栋一辈子痴迷金钱板，但没有做到专业。金钱板是有韵的唱词表演，边打板边演唱。李国栋有一定的编写能力，居然能用金钱板打《水浒传》，一些结合现实生活的新段子，他也总是提前编写好唱词。凡是有业余演出，他总是十处打锣九处在，成为每一次演出少不了的角色。

贸易公司的国营商铺

1956年以后，我国完成了农业、手工业和资本主义工商业的社会主义三大改造。为了搞好成都东郊国防工业区的后勤服务，成都市商业二局专门组建了国营成都市贸易公司。为了支援这个新公司，从市

▲ 红叶雕塑的位置当年是贸易公司引进的朵颐饭店　常德摄

区抽调了许多人员，有年轻人，也有年纪大的，比如理发师就从赫赫有名的南方理发店、大光明理发店等处抽调。为了充实贸易公司的人员，1961年，招了近三百名小学生和初中生做学徒工，当时分配的工作有饮食、百货、中药、蔬菜、理发等工种。

贸易公司最早就在圣灯寺前面如今消防队的位置。左边是约四百平方米的百货商店，中间隔着一块空地，右边是茶铺和中药铺。这么多人的工业区，理发是少不了的。贸易公司看中了红光宿舍一区大门口底楼的四间房子，它面向沙河和后来变成建设南街的一条小路，于是特意跟红光厂商量，租下这四间房子打通，做了理发店。在建设桥头朝南拐二十米的地方，就是蔬菜公司所在地，每当有卖不完的蔬菜，员工就将它们扔进沙河，顺水漂流。在今红叶雕塑的位置，当年是贸易公司引进的朵颐饭店，面积约二百平方米。在朵颐饭店的对面，就是最初的沙河电影院。贸易公司在圣灯寺旁边还设了一个职工食堂，公司的所有员工都在那里开伙。贸易公司一共有十五个冠名“成都市贸易公司”的商店，建设路、下涧槽、府青路、麻石桥、双桥子、八里庄、二仙桥的商店分布在成都东郊的地盘内，远的甚至在大邑郫江、黄田坝、太平园等地都开有商店。

圣灯寺门前的茶铺后来搬到了猛追湾的弯道处（今成华公园大门口），中药铺也从圣灯寺搬到了茶铺的对面。在今成华公园大门口的右边，是贸易公司的煤炭商店。煤炭商店背后是曾任贸易公司党委书记的老红军陈恒久的宿舍。

在建设路上，贸易公司后来还专门引进了一家回民馆子，地点在今建设路邮局旁宫廷桃酥的位置，回民饭馆后来又搬到了建设巷东侧巷口，现在搬到了八里小区。贸易公司还在沙河电影院旁边的田野里修建了副食品商店，在商店背后修建了贸易公司的员工宿舍区。这两处建筑和毗邻的沙河电影院在21世纪初被拆除，建成了名叫第五大道的商用楼盘。

服务大楼和华联商厦

站在一环路东一段太极商务宾馆的门口朝南打望，只见一栋大厦赫然入目，它就是华联商厦。华联商厦是1994年以后出现的，在此之前矗立在那儿的，是东郊赫赫有名的服务大楼。20世纪50年代中期，

▲ 华联商厦　常德摄

这个地方则是四厂（715厂、784厂、719厂、788厂）和二校（293、294无线电机械学校）联合建设指挥部的办公处。

当时，这四个厂的宿舍区正在紧锣密鼓地修建，承建方正是专门为东郊修建国防工厂而组建的建工部一局所属的第三公司。四个厂都已经修了几栋三层楼的苏式红砖瓦房。新招来的学生娃和转业军人，还有刚分配来的大学生，都住在这些新盖好的楼房里。房间里没有任何家具，人们只能睡在铺了稻草的地上。每当有运砖的汽车开来，大家就赶去排队，把砖头往脚手架附近传送。当时四厂二校设立了一个公共食堂，所有人员都集中开伙，但是却没有修就餐的简易饭厅。推土机将一片高低起伏的荒地推平，然后用竹竿、凉席、油毛毡搭建了一个棚子，权当厨房和伙食团的库房，供炊事员做饭、炒菜用，也储存燃料、粮食、蔬菜、调料。就餐的菜票是职工在各自工厂领的。就餐时，菜的分量由炊事员的汤瓢掌握，见者一份，米饭和汤分别盛在几个大木桶里随便舀。职工需要排队打菜，自己到大木桶去盛饭，然后各自找地儿，在露天的场地上或蹲或站用餐。吃完饭把碗筷放到指定地点，由炊事员集中清洗。在偌大一个坝子上，就餐的几百人星罗棋布，场面十分壮观。

服务大楼是在当时的成都市市长米建书的亲自督促之下修建起来的，他对工程质量的要求相当高。服务大楼是成都东郊的标志性工程，每一匹砌墙的砖都用砂轮磨得棱角分明。服务大楼盖好以后，就划拨给了贸易公司。服务大楼当时是东郊最气派最高的建筑，底层是豆青色的水磨石墙面。贸易公司严令禁止在装修好的大楼里随便打眼儿钉钉子。调到服务大楼工作的员工，必须出身要好。服务大楼地处一环路口东南方向的拐角上，呈T字形，其南面的底层是杏花村酒楼。面对69信箱宿舍区的服务大楼的转角是旅馆的出入口，然后依次是照相馆、洗染店、理发店、浴室。浴室的旁边就是82信箱宿舍区的围墙，围墙与服务大楼的墙壁之间是汽车出入的通道。服务大楼总共四层，其二、三、四楼是旅馆。大楼背后的空地是停车场、洗浆房、锅炉房。出于保密需要，入住服务大楼的门槛很高，必须持有四机部或七机部的介绍信，如果只是手持四川省或成都市的介绍信，根本不予接待。停车场经常停了好些客车、卡车，于是就给人错觉，以为这里有一家运输公司，其实这只是一个内部停车场，那些客车、卡车都属于远道而来的四机部或七机部。

20世纪80年代中期，承包之风席卷整个中国，贸易公司所属的国营旅馆、理发店、照相馆等商铺纷纷被私人承包。1994年，郎酒集团看中了服务大楼这块地皮，要进行房地产开发，服务大楼被宣布拆除。之后，一幢崭新时髦的大楼华联商厦拔地而起。服务大楼从此成为历史。有关部门又将建设路服务大楼、双桥子商店、某百货商店的人员划入华联公司，这三家商店的人事关系从此与成都市贸易公司彻底脱钩。经过改制，贸易公司下属的公司商铺早已变成了私人产业，但成都市贸易公司的留守机构如今仍然存在，办公地点已迁至新鸿路妇幼保健站旁。

沙河电影院

1956年，成都东郊几个国防工厂的建设如火如荼。有感于未来东郊大发展的趋势，为了方便工人们的文化娱乐生活，成都市文化局决定在东郊建立一座电影院。电影院最初的位置在沙河边的建设桥头。当时经费紧张，一切都因陋就简。观影厅纯粹就是一个大草棚，座位是用树条子搭的。1959年，这个草棚电影院成了危房，迫

▲ 旧时的沙河电影院　成华区政协供图

不得已停业。

广大职工的文化娱乐生活不容忽视，电影不能不看。1960年，由82信箱承头作为筹款组长，107信箱作为副组长，号召东郊各厂捐资修建新的沙河电影院。各厂踊跃响应，即便是家底不大的小厂也积极参与。82信箱一马当先，带头出资28万。真是众人拾柴火焰高，最后竟筹资200余万元（那可是20世纪60年代初期的200万啊）。上级决定，用集资中的12万元修建电影院。新电影院定名为沙河电影院，位于建设路86号，占地12.6亩，砖木结构，红砖红瓦。从此以后，沙河电影院一带成了建设路最繁华的地段。

电影院设置有五道大门，进大门以后，有一个宽阔的大坝子，迎面一座大假山，山上还种了两棵棕榈树，还有鲜花盛开的花园。大坝子后面，才是拥有1266个座位的观众厅。电影院大门前面也是一个大坝子，坝子比邻建设路，左边是穿路而过的灌溉干渠三道沟。

当年的文化娱乐生活十分单调，无论新片、老片都很红火。老东郊至今依然记得当年放映电影《刘三姐》时的火爆场面。票卖完了，无票的观众不愿离去，有的索性在外耐心等候。电影院的职工感动了，专门从放映室拉了一根信号线出来，接上大喇叭，候场的观众和没票的观众一起乐滋滋地“听电影”。朝鲜电影《卖花姑娘》也非常火爆，电影连映数天，场场客满。

新电影出来，人人想看。可是东郊这些大厂动辄几千人，电影院就采用分票的方式：A厂300张，B厂400张，C厂200张……那时候，每天少说也得安排七八场，有时还要加场，往往早晨7点电影就开始了。每天只有早场有百十来张零票，并且座位都是第一排到第三排的。还没开门，购早场票的观众就已经在外守候了。于是就出现了票串串儿，他们先排队购票，然后转手加价卖出。沙河电影院的职工无论在建设路的哪个商店、哪个餐馆都非常“吃得开”，会得到特别的照应，比如进餐馆，绝对是悠闲进餐，花钱少，分量足，吃得好。从20世纪70年代末开始，各厂建立了电影放映队，放起了坝坝电影，但是放映首轮影片的专利在电影院，沙河电影院仍然红火。

当时的电影都是胶片，拷贝也比较少。一般是三四个电影院分为一组，将排片时间错开，进行轮流跑片。一本拷贝只能放九分多钟，甲影院先放映两本，之后乙影院的跑片员带着这两本，骑着自行车以冲刺的速度赶回本院交给放映员。放映员赶紧倒片，进行放映，时间相当紧张。丙影院的跑片员又带着刚放完的这两本赶回去。如此循环往复，每个影院至少得有三个跑片员，才可能赶上放映的速度。当时沙河影院与九眼桥的星桥影院、梁家巷的工农兵影院、大慈寺的东风影院之间进行跑片，全凭跑片员骑自行车狂奔。后来又经历了摩托车跑片的阶段。如果遭遇交通事故，等着观影的观众可就惨了。幸好那时汽车很少，看见跑片员飞奔的自行车或摩托，路人都要主动避让。沙河电影院的跑片员如果遇到险情，耽误了放映时间，影院的银幕上就会打出“上家片子未到”，让观众徒唤奈何。那时放映电影很原始，放映光源的温度很高，拷贝在放映时稍微顿一下，就会被烧毁，此时放映员就赶紧把堂灯打开，取出拷贝，重新进行黏结。

改革开放以后，曾经一度兴起“以文养文，以文补文”，沙河电影院从调整观众进出的大门入手，将原先的五道大门只保留了三道，其余两道大门隔成房间，开辟为电子游戏室、台球室。两室之外原来是一道走廊，加上宽阔的坝子，就做了茶铺。这儿本来修的是影剧院，就有观众休息室和演员化妆室等多个空间可供利用。沙河电影院竟然改造出十多个“以文补文”的承包点，一时间，“补文”收入的钱多得都不知道该怎么花。

20世纪80年代初有一部风靡一时的喜剧电影《瞧这一家子》，由陈强、陈佩斯父子联袂担纲主演。这部电影在成都的首映式就放在沙河电影院举行，陈强、陈佩斯父子登台与东郊的工人观众见面，那是沙河电影院最辉煌的日子。

但是时过境迁，20世纪90年代后期，沙河电影院变得门可罗雀。2001年，华联的老总找到沙河电影院，表达了开发房地产的意向。新楼盘第五大道修建好以后，华联归还了老沙河电影院放映厅加所有商铺的面积，其中，电影院一直闲置，因为没有钱购买新的放映设备。后来跟星美院线达成协议，沙河电影院出房子，对方出设备，并负责装修。为此，电影院的名称也做了相应的变动，叫星美沙河电影院。星美沙河电影院后来的上座率也不高。2006年，双方合作期满，终止了协议。如今，“星美沙河电影院”几个字仍镶嵌在大楼正面的最高处，但电影放映却停止了。沙河电影院全凭当初重建归还的商铺的租金来解决老职工的退休金问题。

建设巷

20世纪60年代，在107信箱第一宿舍区八街坊与沙河电影院旁边四层楼的新华书店之间，有一条可以通行一辆卡车的小巷，名叫建设巷。建设巷与对面的建设南新街处在同一条直线上，这条直线与建设路交叉，形成了从20世纪60年代延续至今的建设路上最繁华的十字路口。

▲ 2018年的建设巷　常德摄

早先的建设巷是条名副其实的小巷，长不过二百米，宽不过七八米。它的东边是八街坊的高墙。西边，在新华书店后面，是六七间民房，有草房，也有瓦房，连铺板都是斜的。其中有一间民房稍显整洁，灰瓦为顶，墙面是抹过水泥的。这几间民房中间，有一间是理发铺，剃头匠是一位老者，手艺不错，价格也便宜，顾客络绎不绝。后来他又叫儿子跟他一块儿学理发，想要子承父业，但其子的理发手艺老不上道，屡屡被顾客“吐槽”。这几间民房往北，便是6号信箱国光的第一宿舍区九街坊，九街坊的围墙一直延续到今电子科大沙河校区南苑的围墙脚下。

建设巷的北巷口，是国光的第二宿舍区十街坊，十街坊的围墙与107信箱八街坊的围墙之间，有一条三四米宽的小巷，叫建设支巷，这条小巷可以通到沙河上的踏水桥，69信箱的工人最喜欢抄这条近道去二环路边上的工厂上班。

如今，如果你要以对一条小巷的固有印象去建设巷寻梦，你一定会大失所望。今天的建设巷早已不是一条小巷子，而是一条商铺林立的繁华大街，它西边的沙河电影院和新华书店，早在十多年前就变身为名叫第五大道的商厦，东边107信箱规模宏大的宿舍片区已经变身为名叫钻石广场的华丽高楼。街两边的商铺各有特色，店招和门面一家比一家惹眼：大签门串串儿、魔法师蛋糕、重庆特色老麻抄手、蜜雪冰城、林妹妹蘸水米线、快乐柠檬、易大侠牛肉、正宗老火锅、兵哥豌豆面、叶婆婆钵钵鸡、安安泡菜汤锅、飘香肉丸儿、峨眉豆腐脑、曹氏鸭脖……令人食欲大开。

这里因为比邻成电，不管是吃的还是用的，商家都瞄准了学生娃的口味。华灯初上的时候，是建设巷最喧嚣的时候。霓虹灯闪闪烁烁，人流熙熙攘攘。食品店前排着一列列的长队，空气中食物的香味四溢，混合着吃货的喧哗和欢笑。

啊！好一个建设巷，吃货的巷，繁华的巷，时髦的巷，令人难忘的巷！

服装夜市

建设巷的对面，就是建设南新路。在20世纪80年代之前，并不存在什么建设南新路，它只是军工厂宿舍区墙壁外的一条人行道。这条道的两边除了106信箱、107信箱、7号信箱、35信箱等工厂的几大片宿舍区之外，其余地方依然是田野林盘。改革开放之后，东郊工业集群进入了高速发展的春天，工厂为职工先后新修了职工宿舍楼。新宿舍楼按照城市规划的红线，各自往后退，于是，这才形成了与建设路垂直的一条新街——建设南新路。

建设南新路的历史并不长，它之所以在老东郊的脑海中留下了抹不掉的记忆，是因为这条路上有“东郊夜市”。1989年至2001年，东郊夜市在这条街上红火了十多年。夜市摊位沿街而设，左右相向，鳞次栉比，最红火时有将近五百个摊位，各种时令服装、妇女儿童用品、家用电器零配件、手工制品、糖果糕点、百货杂物、布匹衣料、米面杂粮、针头线脑、鞋袜衣帽，五花八门、应有尽有。夜幕降临，人流如织，各种商品异彩纷呈。摊主热情的叫卖声、游客的喧哗声、食品散发出的香味，构成了一部别致的名为《东郊夜市》的“7D电影”。

20世纪80年代以后，个体户如开闸的洪水一般喷涌而出。在建设路地区的主要街道，许多无证商贩四处流动，以街为市，不仅让街道上的坐店商家无法正常营业，而且造成交通秩序、市场秩序的混乱。有关管理部门采用疏导的办法，将建设南新路街区规划为夜市范围，将无证摊贩纳入管理，使之夜间合法营业，严禁违章占道。夜市开市，为就业开辟了新门路，大得人心，夜市形成了强大的气场，生意也很兴隆，市容秩序的问题迎刃而解。从上到下对东郊夜市是一片叫好声。

1991年，成华区政府决定，要把建设路片区建成商贸中心，以此推动街道经济发展。夜市得到进一步的管理。尤其是将不同摊位“划行归摊”的制度，将东郊夜市办得更加出色。最令人可喜的是，东郊夜市又按市政府的统一安排，安装了钢制的可拆装的售货棚架，夜市因此变得整齐美观。而且还因入场散市有一套严格的规定——收市便拆除棚架，彻底打扫卫生，以保证次日市容和交通不受丝毫影响。社会各界因此对东郊夜市好评如潮。

夜市开得日久，多数经营者或逐渐分流或时来时去。夜市这样的“浅滩小河”，特别适合资金短缺、胆气不足者练手。陆续有不少退休职工、下岗人员去夜市尝试经商，有的因此走出一条路，成了成功的经营者，个人境遇和家庭经济也得以改善。有的甚至练成了经商高手，展翅高飞。最不济的是年老体弱的小本经营者，卖些日用小百货之类，也有点收入贴补家用。

随着经济的发展和成都东郊老工业基地的退出，建设南新路的东郊夜市终于走完了它该走的路。但是曲终人未散。对于老东郊而言，夜市辉煌的灯火和热闹的场景将永远在记忆里挥之不去。

方块路为何难以重建

“方块路”这个名字是当年每天都从这里走的老东郊给改的。它从沙河桥头的建设南三路起步，横穿二环路，在今SM广场（原82信箱的围墙外）路口，进入宽阔平整的建设南路，一直可以走到东郊记忆（原红光电子管厂）的大门口。这条路当年连接的工厂，有红光电子管厂、宏明无线电器材厂、光明器材厂和一个市属国有企业耐火材料厂。在20世纪80年代，这条路每天有几万人上下班，但它的宽度只有八米。方块路当然是它的俗称，发生在方块路上的故事耐人寻味。

老东郊为什么会叫它方块路呢？

方块路最早是在田野中踩出来的泥土路，后来在路面上铺了碳渣。它跟当年的猛圣路一样，天晴一身灰，下雨一包糟。1961年，有关部门对这条路进行了改造，却不像猛圣路一样打成混凝土路，而是在路面上铺了六边形的水泥预制件。这个水泥方块足足有五十公分宽。不浇注混凝土路的理由也很奇怪：由于当时国际局势紧张，出于战备的考虑，一遇战事，即可掀起水泥方块，掘路为战壕，可迅速抵御外敌。当年，这一片土地上有一条灌溉水渠马槽沟流过。红光厂在最初向二机部申报厂名时，报的就是马槽沟一号。马槽沟这一片，厂与厂之间仍隔着田野。忽然之间，上下班的路变平整了。

因为铁路运输线直接通到三家军工大厂，这方块路主要是人行道，但也难免有卡车开来开去。沉重的载货卡车在方块路上碾来碾去，方块路年久失修，带病运行。时间一长，好些方块之间的间隙增大，骑车若稍一不慎，车轮就会卡在方块缝里，人仰马翻的事常有发生。一到下雨，凹凸不平的路面蓄满了雨水，脚一踩上去，泥水横飞。方块路本来就不宽，还有人擅自在路边堆积石灰，遇上天晴刮大风，石灰粉随风腾起，四处弥漫，行人惊慌躲避，匆匆掩面。更有甚者，来自外地的农村汉子租下路边的老房子，挖了数口池子，投入生石灰，干起了出售灰浆的营生。池中的白浆不时漫上路面，与泥浆混合。这道“风景”保持了几年之久。

到了20世纪80年代，个体户涌现，流动小吃摊占道经营，弄得八米宽的路面只剩下一半，而此时上下班的职工队伍已是数万之众。不经意间，这条建厂初期踩出的路居然经历了三十年的时光，当年的姑娘、小伙如今已经进入天命之年。方块路沿线的工人再也无法忍受了：“这条路怎么就不能修一下？”

1989年3月，市上相关部门和建设路街道办事处，邀请红光厂、宏明厂、光明器材厂、耐火材料厂共商彻底整治方块路的问题。会议的结果令人振奋，方块路的彻底整治费为一百二十万元，由国家贷款四十万，红光厂分担四十万，其余集资款由各厂分摊。设计改造的方块路宽二十五米，分快慢车道、人行道。这个消息简直就是喜从天降，立刻不胫而走，相关工厂的职工欣喜若狂。

然而偏偏好事多磨。此事竟然杳如黄鹤，泥牛入海。

可事情突然又有了转机。20世纪90年代的一天，时任成都市市长的刁金祥偕有关部门领导到红光厂现场办公。时任厂长的李铁锤在会上重提了方块路的问题，于是领导们纷纷表态，要尽快将其落实，刁市长还责成有关单位具体负责此事。之后，相关技术人员在方块路上又是测量，又是绘图，煞有介事。工人们无不欢欣鼓舞。可此后却一直不见施工队伍，路边的流动摊点和出售石灰灰浆的生意倒愈发火红。人们感到不可理解：修路的经费不缺，政府也出面促成此事，道路却不迟迟能修，简直匪夷所思！

谜底终于揭开，原来市上准备修通二环路，但二环路的标高未定，这条与二环路交叉的方块路自然不敢贸然施工。还有就是这条路两边的土地权属问题，牵涉当地村民的切身利益，征地拆迁是免不了的，经费就必须要追加一百万元，政府和企业两头的资金都紧缺，既然拿不出钱来，这事就只好不了了之。红光厂太想改建这条路了，就主动站出来做协调工作，并带头多掏钱，然而却无人响应。

2001年8月8日，“东调”正式启动。2002年，方块路被彻底清除，一条美丽平整的沥青混凝土路取而代之。这一天距离方块路首次亮相已经过去了整整四十年。而此时，除了已经破产的红光厂，其余三个厂都在搬迁之列，红光厂的厂址被政府保留下来，打造成了创意文化产业东区音乐公园（后更名为东郊记忆）。方块路倒是修好了，但是过路的却不是过去呼吁修路的那些人了。

红砖围墙外的农民兄弟

高坝田这地方的湖广人后裔，从前解决饮用水问题有两个途径：在院子里打水井，在三道沟的河里担水吃。军工厂建起来了，红砖围墙把墙内墙外隔成了两个世界，墙内过的自然是“楼上楼下、电灯电话”的幸福生活，享受自来水自不必说。但是这些好处，围墙外的农民是享受不到的，他们的照明仍是油灯，喝的还是井水、河水。但是慢慢地也有了变化，围墙以外的院坝与围墙以内宿舍区的交往渐渐多了起来。红砖围墙内的工人偶然到当地人的老院坝去玩儿，发现了当地人设在过道里的老磨坊，在过年准备年货的时候，用石磨磨汤圆粉子从此再也不用发愁了。既然农家安装自来水不现实，那就让他们担水桶到宿舍区来接自来水吃好了。例如国光宿舍区就有扇小门，住在郑家院子的农民担着水桶，从那扇门出入，挑自来水回家。本来，军工厂不管厂区还是宿舍区都有人镇守大门，但是一来二去脸混熟了，守门人也任由担自来水的农民自由进出了。如今建设路口廖记棒棒鸡所在地，当年曾是一家极受欢迎、闻名东半城的机面店，那是当地生产队开办的，压面机是253信箱征他们的地时，作为回报给他们制造的。他们的压面机一旦出了什么问题，就可以直奔253信箱的厂区，上车间里找到给他们制造压面机的师傅，请他们修理。

在成电南苑，与之比邻的是6号信箱国光第一宿舍区九街坊。九街坊与南苑之间有一条不通车的人行小巷，小巷西边的尽头，九街坊的围墙内，是一栋四层的国光单身宿舍楼。在九街坊的围墙与建设路口之间，在20世纪80年代初期，依然有两个大院子——上郑家院子和下郑家院子——存在。这两个院子的农民近水楼台先得月，从20世纪60年代初开始，直到20世纪80年代拆迁，一直享用免费自来水。国光宿舍区单身宿舍楼那地方有道小门，这两个郑家院子的农民就担着水桶，由那道小门出入，去接自来水担回家。

正如“三个和尚没水吃”揭示的道理一样，工厂默许当地农民进宿舍区接水的结果，是在无形之中造成了当地水井的荒废。要想保证祖上传下来的水井的源头有活水，必须一年一淘。淘水井可是件苦差事，并且有危险。既然有了一拧水龙头就可以接回家的自来水，那谁还去淘水井呢？

1958年，人们忙着改土改田，修沟修渠，就连那些无人问津的乱葬岗子也被开成了耕地。几个正在如火如荼建设的军工厂，就好比田野绿海上的岛屿，这些岛屿是“村庄里的都市”，属于成都市区的东城区管辖。也就是说，在同一地理环境下，原来一望无际的高坝田被分割成了城市和农村。属于城市的，由国家按照定额每月供应口粮和副食品；属于农村的，必须自己种粮吃。

当地农民最直接的感受来自6号信箱的工人们，男的穿着工作服，女的穿着花裙子。他们下班后的业余生活十分丰富，或者打篮球、排球、乒乓球，或者看电影、跳集体舞；他们住的是楼房，点的是电灯，喝的是自来水。而当地农民每日面朝黄土背朝天，夕阳西下，他们仍在地里忙碌，或者刨地，或者除草。要等到傍晚收工以后，才能拖着疲乏的身子回家开始煮饭。而此时，6号信箱的工人们已经在吃晚饭了，他们端着饭碗，悠闲地边走边吃，走出宿舍区的小门，来到农民们劳作的地边，好奇地张望着他们在土地上忙碌。有的工人心血来潮，扒完最后一口饭放下饭碗，还要求帮助干干农活儿。一来二去，当地农民和工人的关系就稔熟起来。

东郊建的工厂越来越多，人口也越来越多，蔬菜和副食品的供应成了大问题。于是上级把建设路两边的田野都划给了蔬菜队。农民兄弟不仅再也不用种粮食交公粮，而且每人每月还有一份口粮。

作为专业种植蔬菜的生产队，农民兄弟舍得下力气，也舍得施肥，蔬菜长势喜人，每亩地的产量很高。但是，蔬菜仍然供不应求。按照规定，种植出来的蔬菜，应该卖到贸易公司设在建设路上的国营蔬菜商店，再由商店卖给工厂的伙食团。但是菜少人多，拼的就是先下手为强。6号信箱与蔬菜队早就有了工农鱼水情般的交往，买菜的时候也不含糊，他们就直接杀到蔬菜地去抢先购买。这样一来，双方的关系就更密切了。到放坝坝电影时，国光第一宿舍区九街坊大门口人流如潮，农民兄弟挤在大门口，请门卫带话进去，叫厂里的伙食团长来接他们进去。

时过境迁，当年的广阔田野不知不觉变成了城市的一部分。两个郑家院子以及其他院子虽然现在已经不存在了，但他们和新鸿村第三村民组的乡亲们一样，其实并没有走远，建设路国光医院后面的住宅大楼，就是他们的新家。

在电子科大沙河校区的南大门与原电子科大南苑之间有条路，名叫建设北路二段。20世纪80年代初，政府开始允许私人摆摊设点。不知是哪位农民兄弟开的头，他决定在此处摆个摊点卖小吃，并且异想天开，居然把摊点摆在厂北路的路中间。此地南邻6号信箱国光厂区的北侧围墙和68信箱成都电机厂的宿舍，路北是电焊机厂的宿舍和电子科大校园。此路段不比繁华的建设路，上下班时段的人流和车流犹如山洪，这里稍显僻静，周围不是大学、工厂、研究所，就是相关的宿舍区，人流量不小，但又不至于堵塞交通，确实是做生意的好路段。这家敢于“第一个吃螃蟹”的小吃摊，大大方便了工人和大学生，生意火爆。跃跃欲试者赶紧跟进，每个人在路中间占领一块地盘，摆上锅碗瓢盆和桌凳，干起了卖小吃的营生。不久，这段路就形成了别具特色的小吃一条街：卖稀饭、包子、馒头、花卷的，卖抄手、面条的，卖油条、油饼的，卖酸辣粉的，卖汤圆醪糟的，卖甜咸烧白、粉蒸牛肉的……遍街香气，令人馋涎欲滴。尤其是晚上，热闹非凡。这种热闹景象一直持续了好几年。

建设路口的机面店

在建设路口，有个六十余年不动窝的邮政局，在其对门，曾有一家名噪一时的机面店。这家机面店属于圣灯人民公社猛追湾大队第三生产队，开办的时间是1968年。

这个生产队为什么能够做到“春江水暖鸭先知”，而坐享商机呢?

当年，成都东郊这个大工业基地已有数十万人口，其中不乏喜食面条的北方人，而这里居然没有一家加工鲜切面的面粉加工厂——机面店。想到开办机面店的是253信箱的工人师傅们。

当年，253信箱要征几十亩地来修宿舍，购买土地总共需要三万元人民币，三万元在当年可是一笔了不得的巨款。为了尽快促成征地，厂方主动提出，由他们生产一台加工鲜切面的机器作为搭头。生产队的当家人朱队长心里别提有多高兴了，可他对机器这玩意儿一窍不通。接收机器这天，他特意把生产队里的能人——几名读过初中的回乡知青叫到一起，叫他们跟他去办公事。几个人第一次踏进工厂车间，被大工业生产车间里宏大和喧嚣的气势所深深震撼。接着，他们就看到了一台油光锃亮的崭新切面机趴在车间一角，几名工人师傅正在用小麦面粉调试机器。朱队长的本意是叫这几个懂机器的“能人”到现场来，为新机器把把关，殊不知这几个初中生也是水鸡公下田——扑通扑通（不懂不懂）。这几个小青年别的不懂，但师傅们说的“这机器一个月能挣一万块”他们听懂了，惊喜得抓耳挠腮，但又担心自己掌握不了这庞大的机器。师傅们操着悦耳的北京话宽慰他们，表示一定将他们教会。朱队长高兴得连嘴巴都合不拢了，连声说：“好，好，沙河边那几十亩地就归你们了，等款子一到，你们就可以开工了。”

第二天，当253信箱的人将三万元支票交给朱队长的时候，他只认钱不认票，把工人师傅逗得哈哈大笑。他们怕他变卦，赶紧回厂准备了一麻袋现金，捆扎得整整齐齐，然后专门派了小车护送他回队。

▲ 如今矗立在建设路口的是伊藤洋华堂 常德摄

没过几天，猛追湾三队的机面店就正式开张了。

这个机面店很气派，店面朝向建设路，光厂房、库房就大约占地一亩，另外还有一亩大的挂面晾晒场地，用篱笆进行隔离。库房设在左边。接着是切面加工坊，机器就安装在这儿，靠墙还安置了面板和面缸。干面加工坊设在大门至晾晒场的通道处，专门弄了两张比双人床还大的案板堆放干面。右边是职工休息室，兼值班守夜室。

机面店很受欢迎。6号、7号信箱喜食面食的北方人居多，各家食堂每天至少需要五十斤鲜切面。机面店为想吃水叶子面的信箱厂居民大大提供了方便，机面店外面经常排着长队，成了见惯不惊的风景。沙河以西的东郊生活区内大街小巷的面店、饭馆，包括大名鼎鼎的杏花村、沙河面店、桥头面馆、沙河电影院饭馆等所需的面条，差不多都是由这里提供的。机面店成了这一带的“店红”。

那时候是计划经济，粮食按月供应。机面店每天要生产那么多鲜切面，却没有采购面粉的权利。于是，机面店和购买者之间就只能采取原始的以物换物加补差价的形式进行了。想买面条的居民必须先在街对面建设路粮店买面粉，然后提着面粉过街来换机面店的鲜切面、挂面。

这家机面店还成就了一个人的锦绣前程。此人就是前文提到的郑光福。恰好机面店里有两三位年轻媳妇要生娃娃，店里缺人手，他就作为替补人员临时去上班了。他踏实肯干，又肯动脑子，很快就学上了手。正如他后来在文章《建设路口有家机面店》中写的那样：“那时的我忙里忙外，往往从机器旁一下班，又去维持秩序，帮忙称面收钱，不知不觉中我竟成了这家机面店管账、管库的‘负责人’了。”

圣灯公社每个大队都有一所小学校，新鸿大队学区校长叫蒲兰英，每隔几天她便骑自行车来换面，久而久之和郑光福成了熟人，对他的为人很是欣赏。当她得知光福子父母离异，他本人随母亲生活，家中还有两个小弟弟时，便生了怜悯提携之心。她悄悄动员他到自己管的小学校去代课，郑光福却觉得面房非常适合他及全家人，而不愿离开。1971年，蒲兰英硬是将郑光福作为大队第三人选提名推荐，郑光福顺利走进四川师范学院师训班读书，成为工农兵学员。不得不说，蒲校长还真是别具慧眼。光福子临离开机面店时交账，有人猜疑他管的库房会不会短斤少两，结果一过称，反而多移交出一万多斤面粉，让全生产队四百多人人均分到两三斤切面过年，皆大欢喜。

现在的郑光福通过川师这个跳板，先后当过教师、文化馆干部、成都人民广播电台记者、主任记者、市广电局办公室主任，还是中国散文学会会员、四川省散文学会常务理事、成都市广播电视学会副会长、成都市老新闻工作者协会秘书长。他说，所有这一切都是好人有好报的结果，没有东郊工业建设的飞速发展，就没有机面店，没有机面店也就没有那段人缘，也就没有他的今天。

油烫鸭店“好又来”

1961年，沙河电影院西侧修起了一个副食品商场，东侧修起了一幢红砖红瓦四层楼的新华书店，20世纪70年代末，这家新华书店进了外国名著时，东郊工人中的文学爱好者便会排起长长的队购买书籍。21世纪初，因第五大道施工，这家新华书店搬迁到新建主楼的三楼，营业面积大大缩小。

当年，新华书店的转角处，有个一楼一底的小青瓦民房，临街只有一间铺面，20世纪80年代，这间铺面是一家回民饭馆，回民饭馆北侧有个卖油烫鸭子的小铺子，名叫“好又来”，生意很火。“好又来”的老板娘慈眉善目，待人和和气气。只见她按照顾客的要求，取下事先卤好的鸭子过秤，然后轻轻放进油锅，油锅立刻沸腾起来，诱人的香味在空气中弥漫。“好又来”油烫鸭使用的是正宗本地土鸭，鸭肉细嫩，表皮酥香，卤味独特，催人食欲。她的铺子前常常顾客盈门。

在建设巷斜对门、建设路南侧，今天“锦江小吃”的位置，又开了一家名叫“对又来”的油烫鸭摊位。隔着一条建设路，“对又来”公开和“好又来”叫板。也许是先入为主，食客们都觉得“对又来”的味道不如“好又来”，因此，“对又来”每天只能等着“好又来”卖完鸭子收摊以后，才能开张营业。

“对又来”和“好又来”暗中较劲儿，一晃就是十来年。到了

20世纪90年代初，个体户小商铺多得如过江之鲫，“对又来”身后的82信箱第二宿舍区忽然开了一家名为“彭县九尺板鸭”的腌卤店，甫一上市，便引起了轰动。食客们喜新厌旧也情有可原，“彭县九尺板鸭”是另一种卤香味，大家吃了十年的油烫鸭也委实吃够了。于是乎，两家油烫鸭店的生意江河日下。之后，建设路两边卖美食的店铺越来越多，“好又来”和“对又来”不跟这些美食新店一般见识，自己悄然退出，另辟蹊径了事。

校园文化一条街的石室中学初中学校

在建设路南侧二街坊（82信箱第二宿舍区）和四街坊（107信箱宿舍区西苑）的背后，有一条美丽整洁的小街，名叫培华西路，它是成华人引以为荣的校园文化一条街。此街长不过五百米，却有三座校园，街北是培华小学（前82信箱子弟校）和锦电幼儿园比邻，

▲ 培华西路是校园文化一条街　常德摄

街南是成都石室中学初中学校。这条小街，所有楼房临街的一面都重新进行了统一的外墙装饰，贴上了棕红色与白色相间的外墙砖。三所学校也不例外：培华小学是凝重雅致、昭示校园文化的别致围墙，石室中学初中学校是汉阙造型的古朴校门，锦电幼儿园是色彩艳丽的园门。这一切，不仅让这条小街显得整洁美丽，而且还弥漫着浓郁的文化氛围。

沙河中学是“贫民窟”

但是在六十年前，这儿除了二街坊和四街坊的两大建筑群之外，其余地方便是广阔的田野和零零星星的农舍。1957年，在二街坊和四街坊的背后，又出现了一栋小小的建筑，这就是被戏称为贫民窟的沙河中学。1957年夏天，成都市建立了十所初级中学，沙河中学是其中之一。这所学校在不同阶段有过不同的校名：沙河中学、成都市第三十中学、欧阳海中学、蜀新职业高中，后来又恢复为三十中，近些年被大名鼎鼎的石室中学看中，成为成都石室中学初中学校。

当年的沙河中学坐南朝北，只有一栋孤零零的教学楼，四周都是农田。教学楼有三层，红砖红瓦的流行色，共有十八间教室。楼后搭有一个棚子，是放体育器材的库房。学校大门和围墙都是竹篱笆，外面就是田野。82信箱宿舍区围墙内的那栋作为子弟校的楼房，刚好与学校楼房垂直。学校操场比较大，教师们都在操场周围开荒种菜。

教学楼的西面是教师宿舍区，是两排小青瓦平房，每排平房是背靠背的十二间房子，总共住了二十四家人。住宿条件有限，哪怕一家三代人也只能住十多平方米的一间房，隔墙是竹编篾条，隔壁说梦话都能听到。平房的转角处，本来各有一间十来平方米的厨房，但都做了教师宿舍。没有厨房，教师们只好在家门口并不宽的街沿下煮饭，下雨的时候还需要打把伞。教师宿舍区自然也没有围墙，只有一道竹子篱笆。直到五年后，教师们去捡工厂里的废弃砖头，才砌了围墙。教学楼那边专门打了一口水井。教师们点的是煤油灯，喝的是井水。举目一望，北面是82信箱的宿舍区，气派十足。沙河中学相形见绌，故得名“贫民窟”。

如果要去建设路，需要出门左拐，走一段田埂路，再拐上一环路东二段，但当年的一环路东二段也就是一条五六尺宽的黄泥路。另有一条小路是沿着82信箱宿舍区的围墙，经由此路也可以走到建设路，但需要跨过一条灌溉水沟。只要遇上下雨，从教师宿舍走到旁边的学校，都必须要穿雨鞋，雨鞋也必然糊满黄泥。

后来学校宿舍区接通了自来水，却只有一个水龙头、一个洗衣台，还有一个分了男女、分别只有三个蹲位的旱厕。

老校长与沙河中学

提起沙河中学，就不能不提起在沙河中学供职二十九年、于六十岁时从学校离休的老校长肖祯祺。

肖祯祺，女，富顺人，1924年11月出生，20世纪40年代在华西协和大学牙科专业读书，但是只上了两年。1949年秋，她被抽调到大邑县川康边人民游击纵队，做迎接解放的诸多工作。后任职大邑县委政策研究室，还担任过大邑县女中副校长。肖祯祺于1957年夏天以沙河中学副校长的职位主持全面工作。该校的老教师、老同事对她的评价是：心地善良，为人正直，做事踏实认真。老校长比较有人情味，对教师们嘘寒问暖，星期天还骑车去看望退休的老教师。过年的时候，还把没有安家的年轻教师请到自己家里去吃饭。教师们受她的影响，人际关系很和谐。那年月虽说很穷，但同事之间总是互相牵挂、互相帮助。比如对守门的大爷，逢年过节，老师们总要给他送吃的表示心意；大爷病了，老师们用竹竿藤椅绑成临时担架将他送去医院。

学生幸邦模的故事，足见肖校长和沙河中学教师们的善良。1962年，孤儿幸邦模初中快毕业的时候，突然患了严重的败血症。为了救他，肖校长跑到市教育局去求救，教育局专门拨了一笔医疗费。幸邦模的命救回来了，但是人却落下了残疾。学校又专门委托炊事员陈明新照顾他。陈明新尽心尽责，幸邦模感激地称她为干妈。经过肖校长的特许，幸邦模瘸着腿，在校园里卖花生、胡豆，想挣一点生活费，但是学生们都很穷，这个小生意无疾而终。眼看着幸邦模同年级的同学都离校而去，肖校长专门去建设路街道办事处沟通，请求他们给这个可怜的孩子安个工作。不久，幸邦模如愿以偿成了清洁工。长大后，他结婚生子，成了两个孩子的父亲。幸邦模真是幸运，一路上都遇到好人，才免于流落街头。近年，年逾七十的幸邦模到处打听老校长的行踪，想登门感恩。因肖祯祺要求老同事们保密，幸邦模一直不能如愿。

肖祯祺对亲者严、疏者宽。当年，只有40%的教师才能升工资，凡是跟肖祯祺关系密切的，反而需要理解她，主动让一让。她曾两次主动放弃升工资的机会，说是让那些儿女还没长大的教师先升级。她的率先垂范，为她带来了因名额限制而不能升工资的同校教师的理解和尊重。每逢肖校长的生日，许多同事都要赶到她的住处为她过生日。肖祯祺如今已是九十四岁高龄，活得舒心，并且健康。

当年的沙河中学也真是内外交困。当时沙河中学的生源有“三多”：农村学生多，小市民的孩子多，城乡接合部杂牌人员的孩子多。学校生源不好，教师师资也不齐，学校的环境也很差，硬件条件不好，桌椅损坏以后没有补充，学校只好捡别的学校不要的桌椅维修了再用。

1959年，市上排升学率的名次，十九中倒数第一，沙河中学倒数第二。鉴于沙河中学的教室比较多，市教育局叫城内学生数量多的中学调整两个班到沙河中学。其他中学趁机甩包袱，把学习差的学生硬塞给沙河中学，沙河中学的升学率因此更受影响。1960年夏天，沙河中学首届初中生毕业，只有两个人考上七中。

尽管如此，肖校长以校为家、爱校如家的言行还是感染了大家。她经常开导大家、鼓舞大家。教师们的教学依旧认真负责。教师们怕娃娃们在课余学坏，故意要求他们来上晚自习，像母鸡保护小鸡一样把他们揽在怀里。

从1962年夏季起，沙河中学就可以招收东郊工人子弟了。川棉一厂、针织一厂、82信箱、69信箱等工厂的子弟都在沙河中学读书；电子科大的子弟，上完电子科大附小，就到沙河中学上中学。如此一来，生源结构就得到了改善，教育质量也就逐渐变好了。整个东郊这一片，沙河中学的学生后来好些都成了东郊的工人师傅或领导。

三十中终于扬眉吐气

学校是从1978年开始发生变化的。当时，学校的领导班子健全了，开始着重各个年级教师队伍的建设，到了1984年，每个年级能够保证有两个重点班的教师配备。学校着重抓教学，抓“堂堂清，周周清”“知识不过夜”。无论是校长还是教研组长，都深入课堂听课；每个新学期开始，要检查教师的教学笔记；任课教师的教学情况要与其他学校的同科教师进行横向比较，如果达到了全省的平均成绩，学校会进行奖励。如此一来就抓出了成效。老师很卖力气，早晨跟学生一起上早自习，下午放学以后还要补课开小灶，把知识传授给学生。老师晚上回到家才改学生的作业。所有这些，都没有收学生一分钱。学校领导任人唯贤，荣誉感、事业心、情感纽带，是当时已更名为三十中的沙河中学成功的三大要素，同时也培养出了优秀教师。一些重点教师不断调到市区的七中等重点中学，成为该校教学骨干。同时，更年轻的教师在学校的栽培下又成长起来。这样就形成了良性循环。

1978年，学校荣获成都市高考二等奖，奖品是一台扩音机。1978届不仅考得好，而且还有两个1979届的学生考上了大学。1979年，文科班的学生又考得很好。1981年，一个理科班考上大学的就有三十六人，其中十六人上的电子科大，一名叫皮波的学生后来还考上了李政道的研究生。市教育局评价说，三十中1984届的初中毕业生比重点初中还考得好，一次性毕业率、升学率都名列前茅。全市开教育工作会，让三十中的代表交流经验，还奖励了一台海鸥照相机。三十中在初中阶段的教育基础打得很牢靠，七中高中部特别愿意收三十中的初中毕业生，所以三十中有“小七中”之称。

从那以后，学校越办越好。从2009年起，学校改名为成都石室中学初中学校，并且在青龙街道还有一个分校，名叫成都石室中学初中学校青龙校区。分校的校长和校级领导都是石室中学委派的，教学理念和本校一样。现在三十中成了石室中学的初中部，学校名声好，能够吸引好的生源，就能形成良性循环，在社会上打出了自己的名声。俗话说：吃水不忘挖井人。三十中之所以有今天，跟建校几十年以来，诸多老领导、老教师的努力是分不开的，他们功不可没。让我们向他们致敬吧！

从圣灯寺到建设路小学

在沙河东岸一里许，竹树苍翠、浓荫匝地的浅坡上，有一个僻静的所在，它就是成都东山很有名的庙宇——圣灯寺。圣灯寺占地十来亩，主体建筑是青砖粉壁的四合院，山门为砖砌的八字墙，有一条青砖铺的甬道连接前殿，两旁是属于庙产的庄稼地。前殿与大殿之间有较宽敞的院坝，左右两边是厢房。据《华阳县志》载，该寺建于明万历二十年（1592），清康熙中期重修。

因为圣灯寺，庙宇所在的村落取名圣灯村，庙宇所在的乡取名圣灯乡或圣灯公社，村小取名为圣灯村小学。

圣灯寺曾经是沙河两岸乡民的精神寄托。圣灯寺举行的法会和庙会让沙河两岸的乡民满怀激情。就说农历四月初八的浴佛节吧，从四面八方赶来进香的乡民络绎不绝，十来亩大的一座寺院人头攒动，熙熙攘攘。而农历七月十五的盂兰盆节，也吸引着无数信众。白天的活动让大家意犹未尽，晚上还要在沙河上漂放河灯。河面上，一盏盏河灯闪闪烁烁，随波摇曳，如诗如画。

那么，圣灯寺为何会改建为小学呢？

1937年，抗日战争爆发。为了敌机飞来时能尽快疏散躲避，城内中小学疏散下乡。迁到沙河两岸的中小学就有十所之多：比如：独柏树小学落脚李家沱附近，商业场小学落脚踏水桥东北侧，华阳北小迁到今新鸿路，建国小学迁到猛追湾东南侧，白庙子小学迁到今新华公园西南角，五显庙小学迁到万年场，多宝寺小学迁到万年场东南两里处，大成中学迁到踏水桥正东里许，志诚高级商业职业学校迁到猛追湾街东北。圣灯寺不以庙宇需要清修自居，接纳了省立成都师范学校，该校原来在盐道街，直到1945年日本投降，方才迁回中心城区。

数年之内，圣灯寺浸润在琅琅读书声中。战争结束后，师生们告别了圣灯寺。当时该地属于华阳县保和乡十六保，在该保保长的倡议和奔走下，很快在庙里办起了公立的“圣灯寺国民小学”。只有两个初级班的这所小学虽说很小，却为今后的发展奠定了基础。

1952年，华阳县保和乡划归成都市望江区管辖，圣灯寺小学开始招收附近乡民子弟，学生第一次扩展到二百余人，由五名教师担任四个班的教学工作。学校的全称叫“成都市望江区保和乡圣灯寺小学”。

从20世纪50年代中期开始，成都东郊被建为工业区。其中的715厂就与圣灯寺小学比邻。

当时715厂一时还无暇顾及开办自己的子弟学校，于是把目光投向了圣灯寺小学。原本村小性质的圣灯寺小学的生源结构大变，一下子猛增为十个教学班。

圣灯寺小学的急速扩张对于管理和师资是一个严重的挑战。于是，市教育局派来了正式的校长和教导主任。为了让课程开齐开足，紧急聘请了一批代课教师。为了克服巧媳妇难为无米之炊的窘态，学校首先要解决校舍紧缺的问题。在各工厂的支援下，原来的殿宇走廊、左右两边的厢房经过修缮或者改建，被隔成一间间教室和办公室。条件即便简陋如此，要求将小孩送来这里上学的家长仍数不胜数。

入驻东郊的企业越来越多，东郊的人口也随之越来越多，入学问题成为燃眉之急。学校准备进行扩建。限于经费，只能以竹编篾条为墙壁，以麦草或稻草为房顶，搭建了一批简易教室。正编教师增加到了30多人，学生有800多人，教学班增加到了18个。

上过圣灯寺小学的老东郊回忆说，当时的校门还是寺庙的门，门的上端弯成弧形，显得很别致，让人至今难忘。一进学校大门，要穿过一个方方正正的天井。过了天井，左右两边就是老师的办公室。后面是学校的操场，操场的左右两边围着各个年级的教室。操场中央有一棵老态龙钟的黄葛树。

1959年，学校首批学生毕业，全校152名毕业生升学成绩令人刮目相看，这一成绩一直延续到20世纪60年代中期，这让圣灯寺小学在成都学校中有了一席之地。

1969年，学校因建设路而更名为“成都市东城区建设路学校”。

1978年底，学校更名为“成都市东城区建设路小学”。

1990年，成都市重新划分为五个城区，建设路小学所在地由原东城区变为成华区。据刘小葵、何亚新所写文章《建设路小学：行进在传承与创新之间》记载：

> 20世纪90年代中期，建设路小学校容校貌发生了巨大变化。学校先后建起了两栋教学大楼，使用面积达到了2500平方米，音乐、美术、微机、实验等多功能室一应俱全，还有了阅览室。以1983年兴建的教学楼为界，前为体育运动区域，宽

大的操场是孩子们体育课和课间玩耍嬉戏的场所；后为儿童乐园，修建有舞台、花圃、假山、鱼池。春天来临，校园内，树木葱绿繁盛，鲜花姹紫嫣红，一派喜人景象。1994年，旧日圣灯寺最后的一点痕迹——见证过学校发展变迁历史的一株泡桐树，枯萎倒伏。在老树死去的地方，一株株新的树苗再次绽放了新芽。2002年，建设路小学成为全区四个“成都市九年义务教育示范校”之一。

2003年，成华区率先推进城乡教育一体化，根据教育局规划，把原属圣灯乡管辖的圣灯路小学划归建设路小学。随后的几年里，学校先后被授予“四川省教师职业技能示范校”等诸多荣誉称号。

2010年9月，学校成为成华区教育局批准成立、市教育局备案的名校集团——成都市建设路小学教育集团。集团以建设路小学本部为龙头学校，东校区与学校本部实行一体化管理，对青龙乡海滨小学实行引领式管理。其时，学校两校区共有46个教学班，学生2000余名，在编教师95名。所引领发展的海滨小学有学生1827人，教师82人。

集团面对新的历史发展机遇，决心实现跨越式发展，在传承的基础上创新。确定了以“快乐教育”理念为核心，把学校办学目标确定为“建设乐园，美丽童年”——指用东郊建设人“行动”“建设”“创造”的建设精神来建设校园，培养学生积极进取的品质，让老师得到发展，将学校变为师生快乐教学、学习的文化乐园，给学生一个快乐、绚烂的美丽童年，为学生以后的学习、生活打下基础。

2011年以来，学校先后荣获“全国语言文字规范化示范校”“四川省艺术教育示范校”“四川省阳光体育示范校”以及“成都市科技教育基点校”等荣誉称号，2013年又成为四川省音乐骨干教师培训基地、四川省体育骨干教师培训基地。

学校之后的变化，可参考《建设路小学：行进在传承与创新之间》中的记载：

> 至2014年，学校周边工业企业全部搬迁完毕。由于地理位置优越，学校周围商圈繁荣，世界五百强企业纷纷入驻。学校已悄然位于成华区商业中心，周边楼宇聚集，入读学生剧增。为缓解压力，政府几经协调，在寸土寸金的建设路商圈，为学校增加了近八亩的土地，用于兴建新的教学楼和功能楼。学校功能与设施再次得到了提档升级，孩子们在这里享受高质量的教育服务。

斗转星移，风雨百年，圣灯寺脱胎换骨，从一座古庙变为现代化的建设路小学。

工业遗址与商业楼盘

“东调”的真正价值，在于推动了企业增效、产业升级。“东调”带走的是历史的沉重，留下的是更富有想象力和创造性的发展空间。

新世纪之初，在实施“东调”战略的过程中，大量企业陆续迁走，新兴产业尚未建成，成华区觉察到可能出现经济空心化现象，于是开始加快转变发展方式，以推动传统工业经济向服务型经济转变。比如宏明厂在2002年搬迁之后，成华区就引进了SM集团，将部分旧厂址打造为极具现代潮流感的SM城市广场。SM城市广场坐落在宏明厂的原厂址上，占地规模达到101亩，总投资达到5400万美元。2003年11月10日，SM集团董事长施至成先生亲临成都现场参加SM广场的奠基仪式。SM广场成为当时中国西部最大的集购物、休闲、文化、会展于一体的综合广场。SM广场的建成，改变了城东没有大型时尚商业载体的现状，树立了东部城区现代商贸业的标杆。

2006年底，成华区建成521建材市场，引进了沃尔玛、台湾莱雅、伊藤洋华堂等零售业巨头，还打造了高档餐饮集群片区。以SM城市广场为龙头，商业网点和配套建设为支撑的建设路，开始形成城市商业副中心。

前锋厂旧址上矗立起了“财富又一城”，这是城东标志性的大体量商业载体。

过去连接东郊宿舍区和工厂区的建设路，如今被规划为建设路商圈，规划面积19平方千米。在业态上，建设路商圈已呈现出现代服务业高端发展、聚集发展的态势。聚集了15个卖场（华润万象城、伊藤洋华堂等）、16幢高端写字楼、21家知名餐饮企业（呈祥东馆、红杏等）、3家五星级酒店（协信、希尔顿等）。建设路商圈的蓬勃发展有目共睹。

2009年，成华区可供建设用地达到31.5万平方米，成为成都市三环路以内唯一有大幅地块出售的中心城区。成华区充分利用“东调”腾出的土地资源，激活腾出地块的地域优势，引进了多家国内外知名房地产开发企业，策划、新建了一批高品质的房地产项目。北京首创、香港花万里、香港通瑞汇港等知名房地产企业先后进驻，推出了凤凰城、伊藤商业楼、花样年·花郡、浅水半岛、蓝水湾、上行东方、一代天骄等品牌地产项目。昔日老厂逐渐被一个个现代感十足的高品质住宅小区取代：宏明厂旧址上打造的“耀之城”，国光厂旧址上打造的“首创·爱这城”，前锋厂旧址上打造的“金色家园”，成都一汽旧址上开发的“蓝光·富丽花城”，420厂旧址上打造的“华润二十四城”和“万象城城市综合体”，亚光厂旧址上开发的“万科·金域蓝湾”，虹波厂旧址上打造的“龙湖三千里”，新兴仪器厂旧址上打造的“龙湖三千城”和“龙湖三千集”，针织一厂旧址上新建的“海棠名居”，消防机械总厂旧址上开发的“长富新城”，银河科技公司旧址上开发的“花样年·花郡”，在107信箱第一宿舍区锦电南苑旧址上开发的综合商业楼“钻石广场”，在红光第一宿舍区旧址上开发的综合商业楼“高地”，在川棉一厂旧址上打造的惠民工程住宅区“锦绣东方”……昔日的工业基地脱胎换骨，日益呈现出精彩纷呈的迷人风采。

尤其值得一提的是，成华区利用原红光电子管厂旧址，打造了极具个性的文化创意产业基地——东郊记忆，这是成都传媒集团运用工业遗产保护与文化创意结合的理念打造的以音乐为主题的产业园区。东郊记忆园区占地218亩，特意保存了14万平方米的老厂房，令人产生时空穿越感。东郊记忆依托东郊工业老基地厚重的历史文化积淀，以音乐数字基地为核心，划分为中国移动无线音乐基地、餐饮区、明星街、酒吧街、成都舞台等主题功能区，是集文化创意、数字音乐生产和音乐产业衍生物于一体的大型文化创意功能区。

享有“世界创意产业之父”美誉的英国著名经济学家约翰·霍金斯来成都开会，特意主动提出去参观东郊记忆，之后赞不绝口：“这是我见过的全世界最好的文化创意产业园，它是那样地富有生命力，尤其是看到这么多人带着幸福的笑容陶醉其中，真是出乎意料。我太激动了，我要向英国，乃至全世界的企业家、音乐家推荐这里！”

建设路华丽转身

至2006年，成华区已完成商品房开发516.6万平方米，2007~2008年猛增至776万平方米。昔日的老厂区逐渐被一个个现代感十足的高品质住宅小区取代。随着一大批高尚住宅的成功开发，城东的商机开始聚集，为地产开发带来了契机。万科、华润、龙湖等品牌商业载体相继入市，不仅商业地产经济得以兴旺，而且也改写了“城东无大商业”的历史。2009年3月21日，成华区在2009中国商业地产行业年会暨年度颁奖盛典上，被商务部和中国商业地产联盟授予“中国商业地产最具投资潜力城区”荣誉，成华区成为中国西部地区唯一获此殊荣的区县。

建设路如今正昂首阔步地迈向锦绣前程，它的老旧形象与现代化新城东的崭新形象格格不入。

已经老旧过时的建设路终于迎来了彻底改造的日子。成华区决定斥资1.5亿元，把建设路打扮得时尚光鲜，焕然一新。

改造建设路的工程紧锣密鼓，如火如荼。2009年12月24日，是一年一度的平安夜，成华区决定在这天举行建设路开街仪式。

建设路横跨在一环路和二环路之间，约有两公里长。当晚没有阻断交通，看热闹的人很多，可谓万人空巷。街两边的梧桐树上披挂的满天星发出梦幻般的星光，人行道上，14支为仪式造势的游行表演队伍载歌载舞。晚上8点整，在临时搭起的小舞台上，当几位领导的右手同时按在一个发着微光的水晶球上时，球体突亮，迸射出万道金光，球面上打出“热烈庆祝建设路开街”的环形字幕。刹那间，欢腾的音乐和喜洋洋的锣鼓同时响起，宣告建设路正式开街。

打头阵的，是两条造型别具一格的客家巨龙，一青一黄，翻滚腾跃，看得人眼花缭乱。接着是西式化装舞会队，清一色的女性着蝴蝶面具和曳地长裙，仪态万千。花环队、彩扇队、彩绸队、腰鼓队、轮滑队等，八仙过海，各显神通。最抓人眼球的是动漫真人秀，一帮动漫发烧友把自己装扮成经典动画片和经典游戏里的人物，造型很酷，表演夸张，色彩鲜艳，他们表演得格外卖力，游行到哪里，哪里就会掀起欢腾的热浪。

如今，建设路以自己的时尚和繁华，变身为“建设路大商圈”的核心。

后记

成都东郊对于我来说既神圣又神秘。2011年春夏之交，我满怀激情，踏上东郊这片热土进行采访，历时一个多月。此后，我先后写作出版了长篇报告文学《沉浮东方》和长篇小说《大梦沙河》，两本书分别获得成都市第八届、第九届“五个一工程奖”。

当《成都·成华历史人文丛书》的编写工作启动时，建设路街道的党委副书记钟映雪女士邀请我来撰写本书。钟映雪女士知人善任，为我配备了一个十分得力的采访助手——刚刚离任的前培华社区主任、红光电子管厂的老职工吴德强女士。为了采访能够顺利进行，建设路街道召开了采访摸底会。在正式的采访会议那天，街道办邀请了二十多位老人，分成上午和下午分别和我见面，向我热情介绍有关情况。对于这个安排，我既感谢又遗憾，遗憾之一是因为大家都不太了解建设路片区1949年以前的历史。开完采访会出来，面对车水马龙的闹市，我深感此次写作任务的棘手。好在后来终于找到一个在广播电视界的活跃人物郑光福先生，挖掘了一些历史文化资料。

遗憾之二是不能亲自采访两位重量级的人物。一位是中国科学院院士、中国太赫兹之父刘盛纲。刘老今年八十五岁，由于科研和社会工作繁忙，虽然答应接受我的采访，但他又实在抽不出时间，结果只好失之交臂。另一位是已经驾鹤西去的中国工程院院士、中国电子束管之父吴祖垲，所幸吴院士有自述书稿《我的回忆》存世，留下了许多宝贵的第一手资料。

我的采访助手吴德强女士热情干练，很有责任感，一些珍贵历史细节的偶然挖掘，全凭她费心找来了采访对象。在此，我谨向吴女士致以衷心的感谢！

周明生